岩重聡美・橋本優花里・古河幹夫 編
Satomi Iwashige, Yukari Hashimoto, & Mikio Furukawa

地方から学びの輝きを

コロナ禍における地方大学での
教育実践と考察

ナカニシヤ出版

まえがき

　人は生まれたときから学びながら環境への適応力を身につけて社会に参加してい
く。現代の社会はきわめて複雑な分業社会であり，近年は実世界（リアル）と仮想
世界（ヴァーチャル）の融合が著しく進行している。そのため必要な適応力も広範
囲かつ多面的なものとなっている。生涯学び続けなければならない。知らなかった
ことがわかったり，出来なかったことができるようになったときの子どもたちの輝
く眼が示しているように，学ぶことは元来喜びであり，自らの可能性の自覚である。
学生においても基本的に同様であり，認識の拡大と深化が，予期される世界とそこ
での自己の位置の統合的な把握につながるとき，確かな喜びにつながる。

　高等教育の進学率が50％を超えて「ユニバーサル」なものになったとはいえ，自
動的に大学に進学するわけではなく，大学で何を学ぶのか，学部を選択しある程度
の了解をもって入学してくる。大学生はすでに「成人」であるから，自分が社会に
どのように自立して参加していくのかイメージをもち目標を立てて学修する。受動
的ではない能動的な学びの姿勢が求められる。4年間で何を学ぶかはあらかじめ定
められているといえるが，実際の学びは教職員と学生および学生相互のやりとり，
シナリオにない展開によって左右されうる。教える側の教員やスタッフも日々の教
育実践において工夫・試行し振り返りながら努力を重ねている。

　本書は長崎県立大学の社会科学系の教員が，自らの教育実践と大学教育について
反省し考察したものである。

　第1章は，教育開発センター長として教育改善・改革を牽引してきた橋本優花里
が，初年次教育，全学教育の改善，遠隔授業への対応などを紹介している。第2章
は，本学における「グローバル人材育成」を担う国際経営学科での取組を，海外ビ
ジネス研修プログラムを苦労して構築してきた学科長の岩重聡美が振り返る。新型
コロナ禍で海外研修が行えない状況になってからの対応策も紹介し今後を展望する。
第3章は，大久保文博が「国際マーケティング論」「東南アジア経済論」の授業に
対する学生の感想・コメントを詳しく紹介し，オンライン型の対面授業の効果を考
察している。ビジネスの現場で進行するIT化・デジタル化を考えると，とくに経
営系の学部学科ではオンラインでの講義，討論，調査に習熟することが不可欠であ
ると主張する。第4章は，新型コロナの感染拡大によって大学全体が遠隔授業への

転換を余儀なくされたとき，ワーキンググループのメンバーであった寺床幸雄が講義科目「人文地理概説」で先進的に試行した遠隔授業の様子を報告するものである。第5章の車相龍は，学科での学びに関して学生の座談会と教員による意見交換を踏まえて，公共政策学科のあり方を考察する。地方大学で学ぶことの物語（ナラティブ）を作り上げていくこと，公共性を確認できる場を構築していくことが重要であると主張する。第6章で石田聖は，「公共政策実習」の科目で実践した佐世保市街地での「まち歩き」を対象に，地域と連携した実践的教育の実例を報告している。米国での住民参加型都市デザインについて研究実績のある筆者が，地域再生との関連性についても示唆する。第7章の竹田英司は，対面講義とオンライン講義では，「課題解決力」の修得に大きな違いがあるかどうかについて，D. A. Kolb が提唱する経験学習サイクル論にもとづいて検証している。第8章の代田義勝は，日本的雇用システムの転換が進むなかで大学教育の職業的意義がどうあるべきかという問題意識のもと，商店街との連携でコア・コンピテンシー育成を主眼に実践したゼミ教育を振り返っている。第9章は，専門教育を担当する教員が「全学教育」を担わざるをえない地方大学での教養教育について，市民の育成，人格涵養，幅広い知識という観点で省察している。

　新型コロナウイルス感染症の拡大をうけてリモート方式の授業を余儀なくされ，学外での研修・実習が困難になった状況で，2016年から本学で導入してきた実践的学びのプログラムをどのように進めるべきか模索が行われてきた。パンデミックのリスクは分散的な国土形成と地方での歴史・文化や教育に新たな光をあてることになったが，生活や職業のIT化は地方大学を新たな競争条件におくことにもなる。長崎県立大学は学生数3000名を擁し5つの学部からなる九州で有数の公立大学である。本学の教育実践が広く地方大学の教育を考える事例となることを願っている。

古河幹夫

目　　次

学修者目線の教育を確実にするために

橋本優花里

1 はじめに

　筆者がある大学の心理学科に入学したのは，平成4年（1992年）である。その大学では入学年度ごとに入学者をまとめて呼ぶ文化があり，我々は04（ゼロヨン）と呼ばれていた。所属した心理学科は，実験心理学講座と教育心理学講座の大講座制をとっていた。それぞれの講座に各々の専門科目が配置されており，専門科目と連動した研究室に教授と准教授，助手がいたように記憶している。教員（当時は教官と呼んでいた）と学生の間には高くて厚い壁があり，研究室を訪ねるには一大決心が必要であった。授業においては，心理学の実験以外ではグループワークもほとんどなく，教養や専門の講義をただひたすら聞くということが主だったように思う。英語の論文や著書を受講者全員で輪読するという機会もあったが，専門用語がわからず難渋した。ゼミでは教授，准教授，助手，そして先輩や同輩の前で自身の研究計画を発表し，色々な意見をいただきながらその研究計画を深化させていった。数回に一度回ってくる自身の発表日には，非常に緊張し，「今日は何を指摘されるんだろうか……」と戦々恐々と臨んでいたものである。

　その頃から30年近く経ち，大学は大きく変化したように感じる。トロウ（Trow, M.）（1976）は，大学の基本的な性格や機能の段階的変化について，「エリート型」「マス型」「ユニバーサル・アクセス型（以下，ユニバーサル型）」という言葉を用いて説明している。これは，4年制大学への進学率が15％を超えると大学はエリート型からマス型へ，そして50％以上になるとマス型からユニバーサル型に進むとしたモデルである（以下，トロウ・モデル）。筆者が入学した頃の大学は「マス型」と呼ばれる段階にあったが，今は「ユニバーサル型」である。文部科学省による学校基本調査によれば，4年制大学への進学率が男女合わせて初めて15％を超えマス型に転じたのは1960年代後半であり，2009年には50％を超えユニバーサル型となった。

日本での最初の大学の開学を 1877 年の東京大学創設とすれば，大学は現在までの約 140 年の間のうち 90 年以上にわたってエリート型を保っていた。しかしながら，その後半分以下の期間である 40 年の間にマス型からユニバーサル型に劇的に変化したのである（橋本 2020）。

　浮田（2018）は，トロウ・モデルによると，エリート型では高等教育の機会が少数者の特権としてとらえられ，マス型では相対的多数者の権利として，さらにユニバーサル型では万人の義務として意識されるようになると指摘している。また，絹川（2015）は，ユニバーサル型での 2 つの変化として，学生集団の特質と教員のレベルを挙げている。すなわち，エリート型では学生集団は同質であるのに対し，マス型になると多様化，そしてユニバーサル型ではランダムになる。現在，大学の学生の特性を表す言葉として「多様化」という言葉が多く用いられているが，絹川（2015）は，ユニバーサル段階の学生像は多様化ではなく，ランダムだと指摘する。そして，ランダムとは多様化を超えて，ニーズ，能力，考え方すべてにおいてバラバラの状態であると説明している。

　また，教員側も多様化している。筆者のようにマス型の大学での教育を受けた者や実務家教員が多くを占めるようになり，かつてのエリート型で教育を受けた教員がエリート型の学生を教えることはごく一部に限られるようになった。それにもかかわらず，教員は自身をエリートととらえ，エリート型あるいはマス型の域にとどまった教育を，ユニバーサル型の学生，つまりバラバラな特質の学生に対して行っているのである。

　以上のような教員の意識と学生の特質のミスマッチは，大学における教育の質の低下を招いている。そして，このようなミスマッチをなくすことが，大学の教育改革であると絹川（2015）は主張する。筆者はエリート型の大学を経験していないため，エリート型からマス型への変化についての実感がない。当時の筆者自身，自らの能力が同じ学年の他の学生や諸先輩方と比べて劣っていると感じていたが，それは多様な 1 人であったから（それも悪い方）であり，先生方が想定する教育の対象としての学生像とミスマッチが生じていたのだと，今更ながらに納得している。当時のエリート型の大学で教育を受けた先生方がマス型の大学に入学した多様な我々を教育することは，非常に困難を極めたに違いない。その一方で，マス型であった我々の大学時代とユニバーサル型の現状について私自身がギャップを感じるのも事実である。

　では，自ら受けた教育とは異なった実践をどのように展開し，大学教育改革につなげていくべきなのか。大学教育改革の流れとそれに沿った本学の実践を踏まえながら，成果と今後の課題について考えたい。

② 大学教育改革の流れ

　図 1-1 は，川嶋（2018）を基に設置基準の改正や大学審議会答申，そして中央教育審議会の答申（以下，答申）を年ごとにまとめ，大学教育改革の流れを示したものである。絹川（2015）によれば，今日に至るまで継続されている大学改革，大学教育改革の発端は，1991 年に当時の大学審議会がまとめて公表した「大学教育の改善について」と題された答申にさかのぼる（図 1-1）。それまでの大学の教育課程では，一般教育科目，外国語科目，保健体育科目及び専門教育科目に区分し，それぞれに必要な科目数（単位数）を定めていた。しかしながら，このような教育課程は，大学教育の内容，水準をすべての大学で一定に保つという利点がある一方で，各大学の理念の多様性を損なうだけでなく，各大学の教育内容の見直しの努力を妨げるという弊害があるという指摘が生じた。そこで，1991 年の答申では，卒業に必要な最低の総単位数（124 単位）を定めることを除き，教育課程の編成は各大学の理念や教育目的に基づいてなされるべきであると提言された。

　この提言を受けて，同年 6 月に大学設置基準が改正された。いわゆる「大学設置基準の大綱化」である。この設置基準の改正においては，各大学にその教育内容を委ねることに加え，その教育の質を保証するための自己点検・評価のしくみの導入も提言された。なお，自己点検・評価の仕組みの導入については，当時は努力義務とされていたが，国立大学の法人化が行われた 2004 年には義務化されることとなった。

　設置基準の大綱化から 6 年後の 1997 年には，「高等教育の一層の改善に向けて」と題された答申が出された。この答申では，設置基準の改正以降，遅々として進まない大学の教育改善や大学教員の意識改革についての言及がなされるとともに，学生の視点に立つことの重要性が強調された。この後も様々な答申が出されてきたが，今日に至るまでの四半世紀にわたる大学教育改革の流れのなかで一貫して求められてきたのは，教員目線から学修者目線の教育への移行ということである。これは，学修者が「何を学び，身に付けることが出来るのか」を明確にし，学修の成果を学修者が実感できる教育を指す。

　本学においては，筆者が属する教育開発センター（以下，センター）と呼ばれる組織が教育改革の一翼を担ってきた。そこで次に，国を挙げた高等教育改革の一連の流れのなかで，本学が学修者目線の教育を目指した取組について，センターが所掌する内容を紹介する。

大学審議会答申・中央審議会答申

▼大学教育の改善について
大学審議会答申（1991）
大学における教育の自主・自己点検評価の仕組みの導入

▼高等教育の一層の改革の方策について
大学審議会答申（1997）
FD推進、セメスター制、ターム制の導入、シラバスの改善、教養教育の改善／学生の視点に立った教育改革、学部教育の質保証

▼21世紀の大学像と今後の改革の方策について
大学審議会答申（1998）
教員の教育活動に対する責任意識の醸成、単位制度の実質化、時間外学習指導の必要性、成績評価の厳格化、第三者評価システムの導入

▼グローバル化時代に求められる高等教育の在り方について
大学審議会答申（2000）
グローバル人材育成、国際通用性のある教育運営、厳格な成績評価、ICTの教育の活用

▼新しい時代における教養教育の在り方について 中教審答申（2002）
学部教育＝教養教育＋専門教育、教養教育の再構築、キャリアイヤー

▼我が国の高等教育の将来像
中教審答申（2005）
学位取得にかかる知識・能力の証明、学位を与える課程の考え方の整理、21世紀型成の育成、AP・CP・DPの明確化

▼学士課程の構築に向けて
中教審答申（2008）
3ポリシーに基づくマネジメント体制の確立、学士力、キャリア教育の充実、単位の実質化、FDの充実、初年次教育の導入

▼新たな未来を築くための大学教育の質的転換に向けて 中教審答申（2012）
学修時間の増加、ナンバリング、シラバスの充実、アクティブ・ラーニングへの転換、CAP制、一ダーシップによる教学マネジメント、高大接続の課題

▼新しい時代にふさわしい高大接続の実現に向けた高等学校教育、大学教育、大学入学者選抜の一体的改革について
中教審答申（2014）
カリキュラムマネジメントの必要性、科目ナンバリング、アクティブ・ラーニング、ルーブリックの評価、学修成果の評価、初年次教育の在り方の再考

▼2040年に向けた高等教育のグランドデザイン
中教審答申（2018）
文理横断的な知識、スキル、能力、個々人の可能性を最大限に伸ばす教育、多様性と寛容性の確保、学びの質保証の再構築、多様な教育の提供、あらゆる世代への対応

▼教学マネジメント指針
中教審大学分科会（2020）

大学設置基準の改正

▼大学設置基準の改正 ▼学位規則の改正
（1991）
授業科目区分の廃止
自己点検評価の努力義務化
学士が学位に

▼国立大学の法人化 ▼認証評価の義務化
（2004）

▼FDの義務化（2008）

▼高大接続改革の実施方針等の策定 ▼3つの方針策定・公表の義務化 ▼SDの義務化
（2017）

1990 1991 1992 1993 1994 1995 1996 1997 1998 1999 2000 2001 2002 2003 2004 2005 2006 2007 2008 2009 2010 2011 2012 2013 2014 2015 2016 2017 2018 2019 2020

※年号は▼の位置に対応する。

図 1-1 大学教育改革の流れ（川嶋（2018）をもとに作成）

3 本学の実践

1 教育開発センターでの取組

　センターは，長崎県立大学における教育の質向上を図るため，教育の充実や教育方法の改善等を目的として 2008 年に設置された。主な業務については，全学的なファカルティ・デベロップメント（以下，FD）[1] 研修会の企画および実施，教育の評価方法の研究・企画および実施，そして，現代の大学教育の重要課題に関する情報の収集整理等を担っている。また，これらに加えて，教育に関する研究および企画，その他教育内容の充実に関する提案や実践を行っている。

　学部学科再編が行われた 2016 年を機に，センターの活動を活発化させ，教育の質向上に向けた様々な試みが全学的になされるようになった。当初，センター長 1名，副センター長 1名，各学部からのセンター委員 5名および事務職員で組織されていたが，2021 年度に後述の Institutional Research（以下，IR）機能がセンターに付与されたことから，その拡充が図られた。現在では，センターには教育部門とIR 部門の 2つの部門が設けられ，副センター長およびセンター委員の数は 2016 年次と比較して 2倍になった。

　近年のセンターにおいては，全学 FD の実施，クォーター制導入 [2] に関する検討，ナンバリング [3] に関する検討，カリキュラム・マップ [4]，カリキュラム・ツリー [5]の策定にかかる支援，初年次教育改革，アセスメント・ポリシー [6] の策定，学習成

---

1) 教員が授業内容・方法を改善し向上させるための組織的な取組の総称。その意味するところは極めて広範にわたるが，具体的な例としては，教員相互の授業参観の実施，授業方法についての研究会の開催，新任教員のための研修会の開催などを挙げることができる（中央教育審議会 2005）。
2) 1年 4学期制のこと。短期留学やインターンシップへの柔軟な参加や集中的な学習による教育効果が期待できるとされている。
3) 授業科目に適切な番号を付し分類することで，学修の段階や順序等を表し，教育課程の体系性を明示する仕組み。①大学内における授業科目の分類と②複数大学間での授業科目の共通分類という二つの意味をもつ。対象とするレベル（学年等）や学問の分類を示すことは，学生が適切な授業科目を選択する助けとなる（中央教育審議会 2012：37）。また，科目同士の整理・統合と連携により教員が個々の科目の充実に注力できるといった効果も期待できる。
4) 授業科目と教育目標の関係を示した表のこと。ディプロマポリシー（学位授与の方針）に基づき，各科目が，卒業までに身につけるべき能力のどの項目と関連するのかを示すものなどが代表的である（河合塾 2015）。

果の可視化に向けた取組など，本学の教育改革の方針や中期計画に沿う形で業務を遂行してきた。これらのなかで，本章では初年次教育改革，全学教育改革を取り上げるほか，新たな時代に向けた取組として遠隔授業の実施と IR の設置について次節以降で概説する。なお，本章で直接触れない専門用語の内容については，注にその説明を付した。

2　初年次教育の歴史と本学での改革

　初年次教育とは，新入生が大学教育や大学生活に適応することを支援するプログラムを指す（杉谷 2018）。米国で先行して 20 世紀初頭に導入され，一時衰退したものの，1970 年代頃から再度，学生の多様化が進む 4 年制州立大学や小規模リベラル・アーツ大学で一般教育カリキュラムに統合されたことで急速に普及した（橋本 2020）。我が国においては，2000 年代に入って多くの大学に導入されたが（山田 2009），始まりは 1960 年代，日本の大学がマス段階を迎えたころである（杉谷 2018）。当時は，大学でのオリエンテーションの充実という形で注目された。その後，専門教育への導入といった色合いが強い教育内容を経て，徐々に内容が整理され，初年次教育の在り方についての検討が進められた。そして，大学のユニバーサル化に伴い，大学教育や大学生活への円滑な移行を目的とし，学修の動機づけや習慣形成を図る内容へと拡大していった。

　本学の初年次教育は，「教養セミナー」という全学必修科目において行われており，2016 年の学部学科再編の際に設置された。それまでは，演習科目という枠組みのなかで新入生セミナーという名称で展開されており，授業展開やテキストの選択については学科や個々の教員の裁量に任されてきた。教養セミナーについては，開設当初の 3 年間は各学部学科の特色を生かした内容で展開されてきたが，その間，2008 年と 2014 年の中央教育審議会答申「学士課程の構築に向けて」「新しい時代にふさわしい高大接続の実現に向けた高等学校教育，大学教育，大学入学者選抜の一体的改革について」を踏まえ，全学で統一した内容の展開を図るべく，教育開発セン

---

5) 関連する科目を線で結んだり，学修の順序を示したりするなど，授業科目間の系統性を図示したものである。カリキュラム・ツリーが示されることで，学生は大学や学部のカリキュラムの全体像を俯瞰でき，履修の計画を立てやすくなる（河合塾 2015：8）。

6) 学生の学修成果の評価（アセスメント）について，その目的，達成すべき質的水準及び具体的実施方法などについて定めた学内の方針（中央教育審議会 2012：39）。

ターを中心に準備を進めた。

　まず2017年に，それまで本学で行われてきた新入生アンケートとは別に，入学してきた学生がこれまでどのような学びと経験をしているのかについて尋ねるアンケートを実施するとともに，教養セミナーを担当する教員を対象として，専門教育に入る前に学生に身につけておいてほしいスキル等について尋ねるアンケートを実施した（橋本2020）。その結果，新入生を対象としたアンケートからは，高校時代に本や新聞を読む機会が極端に少なかったこと，情報機器を扱う経験が少なかったこと，論理的に主張したり，授業中に質問することもほとんどなかったこと，授業には関係のない自主的な勉強もあまりしてこなかったことなどが明らかになった一方で，他者と協力的に作業をする経験は多く持ち合わせていることが示された。また，大学で身につけたい内容としては，レポートの書き方，情報処理の基礎的スキル，論理的思考や問題発見・解決能力，口頭発表の技法，職業生活や進路選択に対する動機づけのほか，一般的な教養等が挙げられていた。教員を対象としたアンケート結果では，レポートの書き方，情報処理の基礎的スキル，論理的思考や問題発見・解決能力，口頭発表の技法，職業生活や進路選択に対する動機づけが最も多く出された意見であり，学生が大学で身につけたいと考えている内容と一致していることが明らかになった。そして，全学FD研修会においてアンケートの結果の共有を図ったうえで，日本や世界の初年次教育の動向に関する講演会を実施し，初年次教育の改革に関する理解を求めた。

　2018年度には具体的な授業内容を検討し，共通テキストを作成するためのワーキングを立ち上げた。授業内容としては，全15回のうち6回の授業では，高校から大学の学びへの転換に共通して取り組むため全学で統一した内容を展開し，残りの9回については学科独自の内容を実施することとした。また，先のアンケート調査において学生の高校時代の経験をみてみると，能動的な学習態度は今一つ身についていない現状があると思われた。そこで，能動的な学習態度に必要なスキルとして近年，心理学の領域で着目されているメタ認知と自己調整学習の概念を教養セミナーに取り入れた。メタ認知とは，注意，記憶，言語，思考，学習など，我々が人間らしい活動を営むのに必要な力である自身の認知についての認知を意味する（三宮2008）。つまり，自身の得意な面と不得意な面を把握したり，学習において見通しを立てたり，調整をしたりする力のことである。また，自己調整学習とは，学修者が「動機づけ」「学習方略」「メタ認知」の3要素において，自分自身の学習過程に能動的に関与している学習プロセスを指す（伊藤2008）（図1-2）。

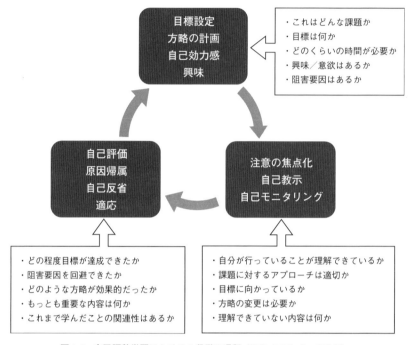

図1-2　自己調整学習における3段階の過程（伊藤（2008）を一部改変）

　自己調整学習においては，目標を立て，そこに到達する過程や到達後に自らの学びについて振り返ることが重要となる。そこで，授業では毎回目標を立てさせ，到達の程度について評価するほか，学習した内容や他の科目との関連性，疑問や質問を記述するシートを用意することによって自らの学習について振り返る機会を設けた。

　また，感情は学習に大きな影響を及ぼす。例えば，人間関係がうまくいかず，不安を抱えていると学習に身が入らないということはよく経験するところである。しかしながら，その時々で自らの感情に客観的に目を向ける機会はあまりない。そのため，授業の前後で自己の感情にモニタリングする項目を設け，自身の感情が学びに及ぼす影響に気づくきっかけを作った。

　以上のように教養セミナーの授業内容を詰めつつ，自己調整学習やメタ認知に関する説明を含めた共通テキストを教員によるワーキングで作成した。6回の全学共通の授業においては，共通テキストを活用しながら大学での学びの特徴や大学生と

してふさわしい態度やスキルについて考える内容を構築した。

　授業の効果を評価するため，授業期間の前後において自己調整方略尺度（畑野2013）と時間管理尺度（井邑ほか2016）からなる事前事後調査を行い，比較することにした。自己調整方略尺度は23項目からなり，4つの下位因子（認知調整方略，動機づけ調整方略，行動調整方略，感情調整方略）から構成されている。また，時間管理尺度は19項目からなり，3つの下位因子（時間の見積もり，時間の活用，その日暮らし）で構成されている。

　2019年度においては，自己調整方略尺度と時間管理尺度のそれぞれに含まれる因子ごとの得点について分析を行った結果，自己調整方略尺度の動機づけ調整方略，および認知調整方略においては，教養セミナーの実施後の得点は実施前のそれに比べて低いことが示された。このことは，これらの項目が授業を主体的に学ぶ態度や力を問うものであることから，高校までの学びで身につけた方略を大学の学びにはそのまま適用できないことへの気づきや新たな方略習得の困難さを学生が感じた結果であると考えられた。一方，自己調整尺度の感情調整方略と時間管理尺度の時間の活用では，実施後の得点は実施前のそれに比べて高いことが示された。これらの結果は，学生が大学での学びに難しさを感じつつも，時間をうまく使ったり，気持ちを切り替えて取り組んだりするスキルについては，比較的容易に身につけていることを示唆していると考えられた（山地ほか2020）。今後，2020年度以降のデータについても分析し，授業効果の検証に取り組んでいく予定である。

3　全学教育

　日本の大学における教養教育は，戦後にアメリカの影響を受け，民主的市民の育成を目標として新制大学の発足に際して導入され，一般教育科目として制度化された（日本学術会議2010）。一般教育の導入は戦後日本の新制大学を特徴づけるものであったが（吉田2006），早くも昭和30年代には当初教養教育を担った旧制高校・師範学校出身教員の退職に伴う教員構成の変化や，経済界からの専門教育重視の要望の強まりにより，教養教育の軽視が指摘されるようになった。その後，教養教育の形がい化や，教養教育担当の教員と専門教育担当の教員の格差などの問題を背景に，「教養課程・専門課程」の区分および一般教育（教養課程）の領域別履修区分と履修単位数の規定を廃止した1991年の大学設置基準の大綱化に至った（日本学術会議2010）。

　しかしながら，「一般教育」という科目区分が廃止されたことにより一般教育に相

当する部分がなくなったかといえばそうではなく，「教養教育」という科目区分に割り当てられることになった（吉田 2006）。また，教養教育の重要性についても継続的に議論され，1997 年の大学審議会答申「高等教育の一層の改善について」や 2002 年の中教審答申「新しい時代における教養教育の在り方について」をはじめ，この十数年，各種の答申や報告書で，教養の低下と教養教育の形骸化・衰退に対する危機意識や，教養教育の重要性とその再構築が課題になっているとの認識が表明されてきたのである（日本学術会議 2010）。さらには，大綱化により一般教育と専門教育の垣根がなくなったことから，教養教育は全学出動体制で行われることになった。これにより，教養教育は全学教育とも呼ばれるようになった。

　長崎県立大学における教養教育は，「全学教育」という名で行われている。その目的は，基本的教養を会得させ，併せて専門の幅広い基盤を理解させることであり，全学の協力の下に実施すると規定されている。全学教育科目の科目区分は，大学の統合等などをきっかけに変遷しており，2016 年の学部・学科再編においては，「人文科学」，「社会科学」，「自然科学」，「健康科学」，「情報科学」，「長崎を学ぶ」，「しまに学ぶ」，「キャリア形成」，「外国語」，そして「教養セミナー」に分けられ，各科目区分内において佐世保校とシーボルト校という 2 つのキャンパスで異なっていた科目の統一化が図られた。そして，新学部・学科の完成年度を迎えた 2020 年には古河幹夫前副学長のリードの下，新たな全学教育の在り方についての検討が進められた。

　新たな全学教育の在り方の議論では，教養とは何かということを再度確認し，共有することから開始した。その際，日本学術会議（2010）による 21 世紀の教養や，山脇（2018）による教養教育と統合知などを参照にしつつ，長崎県立の大学としての教養教育の方針を固めていった。そして，現在の学生が社会をリードする立場となる 20 年後においても役立つ内容を展開すること，市民形成としての観点から市民としての教養を考えること，いずれの専門領域においても必要な知識，スキル，態度等の醸成を目指すこと，引き続き長崎を知る科目を取り入れる方針が決まった。さらには，2040 年に向けた高等教育のグランドデザイン答申（中央教育審議会 2018）では，今後の情報を基盤とした社会においては，数理・データサイエンスがこれからの時代を生きる学生にとって基礎的なリテラシーとなるとし，文理を越えて共通に身に付けていくことが重要であると指摘された。このことは，内閣府・文部科学省・経済産業省の 3 府省連携による「数理・データサイエンス・AI 教育プログラム認定制度（リテラシーレベル）」の実施にも反映されている。そこで，全学

必修科目としてのデータサイエンス科目の導入を追加した。

　2020年には全学教育ワーキングが立ち上がり、科目区分やそこに含まれる科目等を検討した。最終的にはリテラシー群による科目区分を採用し、「サイエンスリテラシー」「データリテラシー」「コミュニケーションリテラシー」「ヒューマンリテラシー」「社会リテラシー」「長崎リテラシー」の6つが設けられた。さらには、全学必修科目として開講されていたキャリアデザインの内容を見直し、これからの社会のテーマを共生であると考え、共生社会のキャリアと科目名を変更したうえで、2つのキャンパスの担当教員のビデオ会議システムによる共同開講を試みることとなった。また、これまでの全学教育科目にはコミュニケーションを核とした内容を展開するものが開講されていなかった。多様な人たちと共生していくためには、一層のコミュニケーション能力が求められることから（中央教育審議会 2018）、「コミュニケーション実践学」と題した科目を新設した。コミュニケーション実践学では、授業の前半にコミュニケーションスキルの基礎を身に付け、後半において各学部から提供される話題に基づいたプレゼンテーションを行う構成となっている。この科目についても2つのキャンパスの担当教員のビデオ会議システムによる共同開講である。これら2つの科目の具体的な内容の検討についてはセンターが担い、準備を進めてきた。授業の実施は第4学期であるため、本稿を執筆している現在においてその効果や具体的な実践の様子を伝えることは叶わないが、ビデオ会議システムによるキャンパスを超えたグループワーク等の新たな学びがあると期待している。

　なお、長崎県の大学であることを特徴づける全学教育科目区分としては、「長崎リテラシー」がある。これには、かつての「長崎を学ぶ」「しまに学ぶ」の授業科目区分内の授業が引き継がれており、本学独自の問題解決型プログラムである「長崎のしまに学ぶ」も継続して取り組まれている。

４　新たな時代に向けた取組

1　遠隔授業への対応

　2020年に入ってから始まったコロナ感染症の拡大は、我が国のみならず、世界中の大学での学びに大きな影を落とし、それまでの大学が基本としてきた対面方式という授業方法の大きな転換を促した。本学においても例に漏れず、学生を大学に集めず授業を展開する方法の模索が始まった。当初は、対面方式と変わらないビデオ会議システムを使ってのオンタイムの授業配信が考えられた。4月の初旬から始ま

る授業は1か月程度繰り下げて開始されることが決定され，その間に学生と教員の通信環境の調査が行われた。その結果，学生の通信環境は十分とはいえず，教員においても整った通信環境を有しない者が存在することが明らかになった。また，全国的な流れとして映像による情報受信を必要とする低年齢の子どもたちや障害を有する方々の受信環境を確保するためにデータダイエットが求められるようになった。そこで，本学ではオンデマンド型を中心とした授業展開をするべく準備を進めた。遠隔授業で使用するツールには様々なものが考えられるが，本学がGoogle Workspace for Education のプラットフォームを活用していることから，Google で提供される Google Classroom による展開を行った。

　具体的な流れとしては，本学の情報担当の副学長をトップとするワーキンググループを設置し，遠隔授業方法や教員の研修，ガイドラインの制定などの検討を行った。また，ワーキンググループに加え，各学科から情報通信に精通した教員をサポートメンバーとして募り，円滑な遠隔授業の導入そして実施に備えた。4月中旬には本学における遠隔授業方針を決定し，遠隔授業の方法についてのFD研修会をセンター主催で行った。そして，ワーキンググループとサポートメンバーによる遠隔授業のサポート体制は4月末までとされ，5月1日以降はセンターが核となってサポートを継続した。サポートにおいては，対面による直接的なサポートのみならず，Google スプレッドシートを活用し，質問事項の入力があれば，それに対して回答を行う方法をとり，誰でもそのシートを見ることで様々な工夫や対応を知ることができる環境を整えた。さらに，学生がスムーズに遠隔授業に移行できるよう，遠隔授業を試行的に受講でき，Google Classroom の機能を体験できるクラスを立ち上げ，学生にアクセスを促した。

2　教養セミナーでの実践

　次に，先述の教養セミナーの遠隔授業対応を例に，新しい授業実践への試みについて記述する。

　コロナ感染症が拡大した2020年は新しい全学統一の教養セミナーが始まってから2年目であったにもかかわらず，授業の実施においては新たな対応を迫られることとなった。上述のように通信量に配慮した授業展開が求められるなかで，入学式以降，一度もキャンパスに足を運ぶことができていない新1年生を教養セミナーのなかでどのようにフォローしていくのかが大きな課題として浮上した。そこで，教養セミナーの全学共通の内容を展開する6回分の授業については，Google Chat と

Google Classroom を使って，できるだけインタラクティブな授業を展開できるよう構成した。Google Classroom にもストリームという相互にメッセージをやり取りできる機能があるが，メッセージの表示にタイムラグが生じることから，基本的な指示やコミュニケーションは Google Chat で，課題のやりとりは Google Classroom を活用することにした。

　Google Chat の利用については，教員のタイピングのスキルに幅があることが予想されたため，あらかじめ有志のセンター委員と職員で各回の授業内容を考え，授業開始から授業終了時までのシナリオを作成し，配信した。このことにより，教員においては必要に応じてシナリオの内容をコピー＆ペーストすることで，授業を進行することが可能となった。シナリオの一部については，文末に参考資料として挙げているので，適宜ご参照いただきたい。また，授業当日，Zoom 等のオンライン会議システムを活用して，オンタイムの質問に答える環境を構築したり，距離を取りながら同じ部屋で実施することで，教員が相互に支援する体制も整えた。

　Google Chat の他に，Google Workspace for Education で提供される Google ドキュメント，スプレッドシート，Google スライド，Jamboard などもオンラインで共同編集が可能であるため，インタラクティブツールとして大変有効であった。特に Jamboard は，模造紙に付箋で意見を出し合っていく KJ 法のような内容をオンライン上で展開することを可能にするものであり，学生からも楽しかったという意見がたくさんあがった。これらのツールについては，遠隔授業のみならず，対面授業での活用可能性を十分に備えたものであった。

　以上のように，コロナ禍において半ば強制的に転換を図る必要があった授業方法であったが，対面授業での利用も可能な新しいツールへのアクセスと活用を促しただけでなく，学生の学びにも大きな変化を与えた。このことは，今後の我々教員の教授内容の充実と学生の学びへの動機付けにつながると確信している。

3　教学マネジメントと IR の設置

　学修者目線の教育を実現するために，近年の大学教育改革の流れのなかでは，「教学マネジメント」という言葉が盛んにいわれるようになってきた。教学マネジメント指針（中央教育審議会大学分科会 2020）によると，教学マネジメントとは「大学がその教育目的を達成する管理運営」と定義され，大学の内部質保証の確立にも密接にかかわる重要な営みとして言及されている。内部質保証とは，大学が自律的な組織として，その使命や目的を実現するために，自らの取組について継続的に点

検・評価し，質の保証を行うとともに，絶えず改善・向上を行うことを指す。これは，1991 年に大学の設置基準が緩和され，大学が自学の教育に責任をもつことになった時から求められていることであるのはいうまでもない。また，教学マネジメント指針（中央教育審議会大学分科会 2020）では，これから先の時代に向けては，大学の教育が「何を教えたか」から学生が「何を学び，身に付けることが出来たのか」といった学修者本位への転換を図り，自律的な学修者を育成することが重要であるとし，そのためには，各大学が教学マネジメントという考え方を重視していく必要があるとしている。

　教学マネジメントの確立にあたっては，学長のリーダーシップの下で，各大学が，ディプロマ・ポリシー（以下，DP），カリキュラム・ポリシー（以下，CP），アドミッション・ポリシー（以下，AP）[7] の三つの方針に基づき自律的，体系的かつ組織的な大学教育を展開し，その成果の適切な点検・評価を行い，その上で教育改善に取り組むことが必要となる。ただし，ここで重要になるのは，教学マネジメントでは学長・副学長や学部長など，個々の学位プログラムの構築・運営に責任を負う者が教学マネジメントの確立に主たる責任を負う管理者として重要な役割を果たすものの，その遂行においては現場で実際に教育やその支援に携わる一人一人の教職員が，自身も教学マネジメントの一役者であることを理解し，自身の教育改善を推進しなければいけないということである。つまり，DP，CP，AP を核として，大学全体レベル，学位プログラムレベル，授業科目レベルのそれぞれで教育改善の実施が求められているのである。したがって，教職員の能力向上が必要不可欠となるため，各大学は，対象者の役職や経験に応じた適切かつ最適な FD・SD（スタッフ・デベロップメント）[8] を組織的かつ体系的に実施していかなければならない。本学においては，年に複数回の全学 FD ならびに SD を実施しているほか，学部・学科での FD も実施している。しかしながら，受講者の役職や経験に応じた FD を実施するには至っておらず，今後の検討課題となっている。

　また，教職員の質向上のほかに，教学 IR の活用によるデータに基づく教育改善が求められている。IR とは前述のように Institutional Research の略であり，大学を運営するうえでの経営や教育，外部評価などの様々なミッションに応じたデータ

---

7) DP は，卒業認定・学位授与の方針であり，CP は教育課程編成・実施の方針，AP は入学者受入れの方針である（中央教育審議会大学分科会大学教育部会 2016）。
8) 事務職員や技術職員など教職員全員を対象とした，管理運営や教育・研究支援までを含めた資質向上のための組織的な取組を指す（中央教育審議会 2005）。

の収集および分析を指す（中央教育審議会大学分科会 2020）。教学 IR では，教学マネジメントの基礎となる情報，すなわち，教育改革について正しい判断を行うために必要なデータを収集し，分析する。本学においても 2021 年度にセンター内に IR 部門が立ち上がった。これを契機にセンターが担ってきた FD 研修会の企画と実施，授業評価アンケートや学生学修行動調査の実施，教養セミナーやその他全学教育科目の管理運営などについては，教育部門という新たに設置された部門で担うことになった。現在，IR 部門では主に本学の教学 IR の在り方について検討を進めるとともに，学内で種々のデータを取り扱う際のガイドラインやルールの設定，これまで学内で行われていた各種調査の見直しと改善を進めているところである。

5　今後の課題：真の学修者目線の教育に向けて

　1991 年の設置基準の大綱化，そして進学率の上昇を背景に，大学はこれまで様々な変化を求められてきた。エリート時代と呼ばれる大学にはいなかったようないわゆるバラバラな特性をもつ学生を迎え入れ，社会人としてその務めを果たせるよう教育し送り出すためには，専門的な知識の教授のみならず，多岐にわたる工夫が必要である。本章では，そのための工夫として高校生から大学生になるための初年次教育，そして未来に役立つ教養を身に付けるための全学教育での取組を紹介した。また，コロナ禍という世界中が直面した社会の変化に伴う新たな挑戦として遠隔教育への対応にも触れた。さらに，国を挙げての高等教育改革のなかで常に求められてきた学修者目線の教育を体現化するものとして，本学における教学マネジメント体制について言及した。もちろんこれらは本学全体の教育改革の取組の一部であり，本書の他の章で紹介されているように，学修者目線の教育の実現のために個々の教員レベルでも新たな展開が行われている。

　しかしながら，これらが真の学修者目線の取組になっているのかについては，教養セミナーにおける効果測定や学生の学修行動調査など，一部データに基づいた検討がなされているものの，全学的には肌感覚の域を出ていないといえよう。今後教学 IR を実働させ，種々のデータを分析することで，具体的な効果と改善点を明らかにしていかなければならない。また，教員の意識改革も十分に果たせていないように感じる。「わかって当たり前」「わからないのは学生の問題」という考えは未だに教員の間に散見される。教員が何を教えたかではなく，学生が何を学んだのかという視点をもち，学修者の学習目標の達成の有無をもって自身の教育を検証する学

16

習者検証の原理に従って，自身の教育改善に努めなければならないだろう。

2021 年度の FD において，教学マネジメントと教学 IR の必要性に関する説明を行ったところ，事後アンケートにおいてある教員から以下のようなコメントが寄せられた（一部改変）。「今までどうしても，「授業についてくることができない，わからないのはその受講生の方が悪い。なぜなら，理解できている受講生もいるのだから」というように考えていた。しかしながら，これから教学 IR が活用されれば，受講生間の比較ではなく，他の科目を担当する教員との比較が可能になるのだろうと考えた。その時のことを考えると必然的に授業の内容・方法が独善的なものであったのではないかと反省の契機となった」というものである。このコメントにあるように，教学 IR は，教員の意識改革にも資するものになると期待される。

2016 年の新学部・学科設置を機に，本学ではさらなる教育改革を推し進めており，現在においてもその道半ばである。ここであえて，改善ではなく改革という言葉を使うのは，改善には現状を肯定する意味合いがあるからである。もちろん，本学の教育の良い部分はたくさんある。しかしながら，現状に甘んじることなく，常にこれで良いのかと問いかけていかなければならないと感じる。したがって，教育改革には終わりというものはなく，迎える学生に応じて，そして社会の要請に応じて，さらに良い教育を求め続けなければならない。そのためには，教学マネジメントを核として PDCA サイクルを回しつつ，学習者の目線に合わせた教育の在り方を追求する必要があるのである。ただし，ここで忘れてはならないのは，学修者の目線はバラバラであるということである。バラバラの目線に臨機応変に合わせ柔軟な教育を行う教員の姿勢と，バラバラの目線を可視化し，個別アプローチを可能にする仕組み作りが早急に求められている。

【引用・参考文献】

伊藤崇達（2008）.「「自ら学ぶ力」を育てる方略——自己調整学習の観点から」『BERD——つなぐ，研究と実践。生み出す，新しい教育。』*13*: 14–18.

井邑智哉・髙村真広・岡崎義弘・德永智子（2016）.「時間管理尺度の作成と時間管理が心理的ストレス反応に及ぼす影響の検討」『心理学研究』*87*(4): 374–383.

浮田　泉（2018）.「高大接続と初年次教育の導入」関西国際大学［編］『大学教学マネジメントの自律的構築——主体的学びへの大学創造 20 年史』東信堂，pp.24–37.

河合塾（2015）.「Part.1 教育課程の体系化・学修成果の把握」『Guideline』2015 年特別号: 8.〈https://www.keinet.ne.jp/magazine/guideline/backnumber/15/s/15_s_part1.pdf（最終確認日：2022 年 7 月 8 日）〉

川嶋太津夫（2018）.「教育改革の四半世紀と学生の変化」『ベネッセ総合教育研究所第 3 回　大学

の学習・生活実態調査報告書』8-16.

絹川正吉（2015）.『「大学の死」，そして復活』東信堂

三宮真智子［編著］（2008）.『メタ認知──学習力を支える高次認知機能』北大路書房

杉谷祐美子（2018）.「初年次教育研究の動向と課題──初年次教育学会における研究活動を中心に」初年次教育学会［編］『進化する初年次教育』世界思想社, pp.8-19.

中央教育審議会（2005）.「我が国の高等教育の将来像（答申）用語解説」〈https://www.mext.go.jp/b_menu/shingi/chukyo/chukyo0/toushin/attach/1335601.htm（最終確認日：2022年7月8日）〉

中央教育審議会（2012）.「新たな未来を築くための大学教育の質的転換に向けて〜生涯学び続け，主体的に考える力を育成する大学へ〜（答申）用語集」〈https://www.mext.go.jp/component/b_menu/shingi/toushin/__icsFiles/afieldfile/2012/10/04/1325048_3.pdf（最終確認日：2022年7月8日）〉

中央教育審議会（2018）.「2040年に向けた高等教育のグランドデザイン（答申）」〈https://www.mext.go.jp/b_menu/shingi/chukyo/chukyo0/toushin/1411360.htm（最終確認日：2022年7月8日）〉

中央教育審議会大学分科会（2020）.「教学マネジメント指針」〈https://www.mext.go.jp/content/20200206-mxt_daigakuc03-000004749_001r.pdf（最終確認日：2022年9月16日）〉

中央教育審議会大学分科会大学教育部会（2016）.「「卒業認定・学位授与の方針」（ディプロマ・ポリシー），「教育課程編成・実施の方針」（カリキュラム・ポリシー）及び「入学者受入れの方針」（アドミッション・ポリシー）の策定及び運用に関するガイドライン」〈https://www.mext.go.jp/b_menu/shingi/chukyo/chukyo4/houkoku/__icsFiles/afieldfile/2016/04/01/1369248_01_1.pdf（最終確認日：2022年7月8日）〉

トロウ, M.／天野郁夫・喜多村和之［訳］（1976）.『高学歴社会の大学──エリートからマスへ』東京大学出版会

日本学術会議（2010）.「日本の展望──学術からの提言2010」

橋本優花里（2020）.「やる気を引き出すしかけづくり──教員の役割，大学の役割」古河幹夫［編］『教育力のある大学へ──経済・経営系での教育実践から』海青社, pp.145-165.

畑野　快（2013）.「大学生の内発的動機づけが自己調整学習方略を媒介して主体的な学習態度に及ぼす影響」『日本教育工学会論文誌』*37*(Suppl.): 81-84.

山田礼子（2009）.「大学における初年次教育の展開──アメリカと日本」『Journal of Quality Education』*2*: 157-174.

山地弘起・丹羽量久・金西計英・橋本優花里（2020）.「ラウンドテーブル報告 メタ認知の育成と評価の課題」『大学教育学会誌』*42*(2): 78-82.

山脇直司［編］（2018）.『教養教育と統合知』東京大学出版会

吉田　文（2006）.「教養教育と一般教育の矛盾と乖離──大綱化以降の学士課程カリキュラムの改革」『高等教育ジャーナル』*14*: 21-28.

参考資料：教養セミナーのシナリオの一部

教養セミナーを始めるにあたって

　教養セミナーでは，Google Chat（以下，チャット）と Google Classroom（以下，GC）を使って，できるだけインタラクティブな授業を展開するように心がけていきます。

- 基本的な指示やコミュニケーションはチャットで，課題のやりとりは GC で行っていきます。次ページ以降の授業のなかの流れに書かれているコメント例はチャット内でのコメントのことを指します。
- 操作に手間取ったとしても，こちらの様子は学生には見えていませんので，マイペースで進めてください。
- 授業準備として，同時に配信された「Google Chat の使い方（PDF ファイル）」をご覧いただき，チャットルームをご作成下さい。
- 各回には，学生に求める課題において先生にも行っていただく課題があります（例えば，第 1 回目の課題③の「3 つ選んで自己紹介」など）ので，ご準備をお願いいたします。
- 授業開始までに，何度か Zoom による授業体験を行いたいと考えております。適宜ご参加ください。
- 授業当日は，可能であれば Zoom 等で教員間をつないだり，ペアになって同じ部屋で距離を取りながら操作を確認しつつ授業を進める体制を整えることで，スムーズに実施できると思われます。
- 一通りすべての学科の第 1 回目の教養セミナーが終わりましたら，Zoom による振り返りのミーティングを行いたいと思います。

第 1 回目の授業の流れ

1. 9:00 になりましたら，チャットと GC を立ち上げ，チャットルームにて学生にクラスの始まりを告げ，やり取りを開始してください。（全員が入るまでにしばらく時間を要すると思われます。

> コメント例：9 時になりました。授業を始めます。皆さん，いますか？いるなら返信をお願いします。

2. 一連のやり取りが終わったら，予習課題で出た質問等について適宜回答をお願いいたします。コメント例内網掛け部分は先生方にアレンジをいただくところです。

> コメント例：皆さん無事にクラスに入れたようで良かったです。教養セミナーの目的と内容についてはすでに事前課題で読んでもらっていますね。
> <u>（事前課題の提出内容で学生が「わからなかった」と記述してきた内容について適宜回答を共有してください）</u>
> <u>他に質問はありますか？</u>

3. 一連のやり取りが終わったら，予習課題で出されていた授業の受け方に関する注意点について再度確認をお願いします。

> また，第１回目のための予習課題④ですでに確認してもらっていると思いますが，この授業は基本的に Google Chat と Google Classroom を使って進んでいきます。予習課題でもお伝えしましたが，以下の注意点について再度確認をします。
>
> ①時間割通りの時間にクラスにアクセスしてください。
> ②もし，つながらない，アクセスできない，時間通りに参加できなかったというときは，担当の先生に必ず Google Chat かメールで連絡してください。
> ③課題のやり方で分からないときも，Google Chat かメールで先生に連絡をしてください。
> ④授業は基本的に Google Chat でのやり取りで進行していきます。課題は一度にせず，先生の指示を待ってください。
> ⑤ Google Chat での発言では，参加者の気持ちを配慮した発言を心掛けましょう。ネガティブな発言や誰かを攻撃するような発言はやめましょう。
> ⑥参加したメンバーが心地よくなるように，プラスの表現を心掛けましょう。
> ⑦ Google Chat 内ではカジュアルな表現になることもあるかもしれませんが，Google Chat 外では礼節を保ったコミュニケーションを心掛けましょう。
>
> 皆さんよろしいでしょうか？よろしければ，返事又はリアクションをお願いします。

4. 授業内第1回目のなかにある課題①第1回の授業目標の確認，②の目標
   シートへの入力をチャットにおいて促してください。また，入力が終わっ
   たら，チャットにてその旨を入力するよう促してください（学生が課題を
   提出すれば，自動的に課題画面で提出の有無が確認できますが，双方向性
   を確保するにはこの方法が良いかと思います）。

> コメント例：では，課題を一つずつ行っていきたいと思います。
> Google Classroom を開いていますか？
> 第1回目の授業の目的を「授業」ページの第1回目のなかにある①第
> 1回の授業の目標を読んで確認しましょう。確認ができたら，②の目標
> シートの入力をお願いします。5分程度待ちますので，記入が終わった
> ら，終わったことをコメントで知らせてください。なお，回答を送信す
> ると皆さんのメールにそれぞれ回答結果が届きます。目標については
> 授業後に振り返りますので，そちらを参照してください。担当教員名
> は名字だけで大丈夫です。

第2章

ウィズ／アフターコロナにおける国際化と
グローバル人材育成への取組と課題

岩重聡美

1 はじめに

　長崎県立大学（以下，本学とする）は，2016年4月に新たな学部・学科へと生まれ変わった。経営学部国際経営学科では，アドミッションポリシーとして「グローバル人材の育成」を大きく掲げている。その育成を目指し，経営学の専門的知識を身に付けると同時に，1年次にフィリピン・セブ島における語学研修，さらに3年次においては海外でのビジネス研修を教育プログラムの一環として学生に義務付けている。

　学科では，このポリシーに沿いながら学生を育成し，2019年3月，1期生をようやく社会へ送り出した。この教育の中心は，学内での集中した英語教育・フィリピン・セブ島での語学留学（2週間）と海外へ出て現地で実施するビジネス研修を経験させることである。ここ数年間の研修を振り返ると，多くの教育成果が見受けられるが，そのなかでも特筆すべき点は，学生が多くの壁を乗り越えることによって「やればできる」「壁を避けて通らない」という自信と困難にも立ち向かう精神が身に付いたことである。また，学生たちの就職先に関しては，再編前の就職先とは大きく異なる志向をもち，大学で身に付けた専門知識と言語力を使える仕事につきたいとの希望をもつ学生が多く，それなりの結果を残したといえる。何より本学科で重要視している英語能力を身に付け，それを発揮できる力をつけることは，TOEIC高スコアの取得率や英語を使う場面での学生たちの積極的行動をみる限りでは，入学時より格段に上昇していることは間違いがない。

　そこで，本章では，本学科の大きな特色である英語能力，経営学を，海外ビジネス研修などの場面においてしっかりと学び，社会へ旅立つその一連の学びと訓練・結果を明らかにする。さらには，新型コロナウイルス感染症の感染拡大により，海外での諸研修が実施できなくなった今，この状況のもとでグローバル人材を育成す

るための国際経営学科ならびに全学での新たな取組と課題，今後の方策についても検討を加える。

2 海外語学研修・海外ビジネス研修概要・実績

　まずはじめに，国際経営学科でグローバル人材育成のために取り組んできたフィリピン・セブ島での語学研修と海外ビジネス研修について簡単に振り返ることとする。

1 語学研修

　この研修は，夏休みに実施され，その主な対象は入学後間もない1年生である。本研修の目的は，自分のもつ英語力を最大限まで伸ばすことにある。学生は，自分のもつスコアの20パーセント増を目指し取り組む。この研修はすべての1年生に参加資格があるわけではなく，入学後のTOEICテスト（夏休み前までのテスト）のスコアが600点を超えた学生に限られる。現地語学学校では，起きてから寝るまですべてが英語漬け。英語を発する力，聴く力，読む力，そして書く力。また，フィリピンでの多様な空間のなかで自分がどれだけ他者と交流し，そのなかで自分の考えを押し付けず相手の考えにも寄り添うことができるかなどの訓練をもとに日々を過ごす。学生たちは，大学で過ごす時間とはまったく異なる異空間のなかで日々の英語漬け，食べ物や暑さなど平生とは環境は異なりながらも積極的に時間を過ごす学生，あるいは自信をなくし環境にも適応が難しい学生などさまざまである。英語能力の伸びについては，正直なところ個人差が大きい。概していえることは，学生たちがこの語学研修を1つのきっかけとして「外国で過ごすこと」に強いあこがれを持ち，そのためには英語能力を高めることが必須であることに気づくことである。

2 海外ビジネス研修

　海外ビジネス研修は，通常3年次の夏休みに行う。この研修は，学んだ経営学の知識と語学力をビジネスの現場で実践するというもので，本学科の教育の目玉として行ってきた。

　本学が実施している海外ビジネス研修とは，海外でインターンシップ，言いかえれば就業体験を行うことである。

　その目的は，グローバル社会に対応する人材の育成，社会人基礎力の向上，英語力の向上，とくにスピーキング力，ヒアリング力などの向上である。最終的には，

表 2-1　ビジネス研修実績（国際経営学科　海外ビジネス研修受入企業一覧）

注：令和 4 年 2 月 1 日現在

国名（地域）	機関，企業名	1期生 H30	2期生 H31	国名（地域）	機関，企業名	1期生 H30	2期生 H31
シンガポール	ベスト電器			ベトナム（ダナン）	ダナン市人民委員会外務局	3	3
	紀伊國屋書店				さくら日本語学校	6	3
	JCCI（シンガポール日本商工会議所）※座学				日本精機		1
	福岡銀行 ※座学				三栄ベトナム		
	JETRO ※座学				MP テレコム（（株）ミン・フック）	1	
	西海陶器	1	4		JCS（Japan Computer Software）		
	西日本鉄道				H.I.S.		
	CLAIR（一般財団法人 自治体国際化協会）	3	3		日本商工会		
	JTB	2	2		BPO.MP		1
	AAIC			ベトナム（ホーチミン）	日本通運	2	2
	Tennis Factory				NHHK	1	
	富士ゼロックス	2			AAB	1	3
	IPPIN				H.I.S.	2	
	NEC ※座学				JETRO	1	1
タイ	NEC	3	3		グリーンサン	1	
	日本通運	3	2		レオパレス		
	福岡銀行 ※座学				HuongThuy（双日関連会社）	1	2
	JETRO ※座学				福岡銀行 ※座学		
ベトナム（ハノイ）	TOTO ベトナム	3	2		日本商工会 ※座学		
	JETRO	1	1		ロータス　グループ		2
	郵船ロジスティックス ※座学				日本工営		1
	TAKAGI VIETNAM ※座学				電通テクノ		2
	東京海上日動 ※座学			フィリピン（セブ）	IDEA ACADEMIA	1	
	佐川急便	1					
	NEC	2	2				
	H.I.S.		1				
	ツバメ・イータイム		3				
	JASSO		1				

※履修用件：TOEIC730 点

　本学での学びにおいて英語の能力（文法・会話共に）を飛躍的に伸ばし，国際的なビジネスの現場ですぐに活用できる人材に仕上げることが狙いである。この研修は，2 週間程度を実施期間とし，シンガポール，ベトナム各地（ホーチミン，ハノイ，ダナン），タイのバンコクで研修を積んだ（表 2-1）。

3 研修の代替案

　この研修の意義や目的は，すでに述べた通りではあるが，社会から求められている「グローバル人材育成」が最大の目的である。さまざまな国や地域で，宗教や人種の異なる人々と共に切磋琢磨しながら互いの価値観のもとで社会に貢献できる人材育成を旨としている。育った環境や社会状況は大きく異なろうとも，互いを認め合い，尊重しながら1つの方向性を見出していく。そのためには，1つのスキルとして英語力が求められる。英語力とは，文法をしっかりととらえ，英語で書く力，聞く力，コミュニケーションする力，そして英語で考える力である。この英語力の向上もこの研修の2つ目の目的である。このような英語力をしっかりと鍛えその力を研修後も持続できるようにすることも狙いの1つである。

　さて，研修生は研修事前に行う大変有意義でハードな準備時間を過ごしながら，ようやく研修本番にたどりつく。

　2014年8月，海外ビジネス研修を初めて試行的に実施して以来，多くの研修生がビジネスの現場で就業体験を積み，社会へと羽ばたいた。再編後の新しい国際経営学科学生たちはこの研修が卒業要件となっているため，この研修に参加できる要件を突破した学生たちだけがアジアの数か所で研修を重ねた。国際経営学科の1期生から2期生までは，順調にこの研修を実施することができたが，新型コロナウイルス感染症の拡大により，2020年からはその実施をやむなく中止することを学科で決めた。学科教育の中心として位置付けていた海外語学研修ならびに海外ビジネス研修であるが，学生たちの命の危険を冒してまで実施することはできない。何より，国の方針として渡航の中止が求められている状況で学生たちを海外へ送り出すことは到底できない。

　学科で育成しようとしている「グローバル人材」は，海外でのビジネス現場で研修を重ねることを重要視してきた。しかしながら，それが実践できないことになってしまったことは，学科にとり大きな痛手であった。学生も，研修参加を楽しみに入学してきている。われわれ教員もその研修に向けた教育プログラムのもと進めていたが，今後実施する各種研修の代替案について学科で至急の検討を行った結果，以下のような研修を実施することとなった。

　フィリピン・セブ島での語学研修は，オンライン授業による語学研修に変更した。その際，教育提供は，学内ですでにオンライン授業を実施している外部講師が担当した。学生は，海外での実体験を積むことができないが，学内で実施している英語教育との継続性を保持することができ，学生からは，「オンラインだったので，ほ

表 2-2　TOEIC スコア

	平成 28 年 （16 生：1 期生）	平成 29 年 （17 生：2 期生）	平成 30 年 （18 生：3 期生）	平成 31 年 （19 生：4 期生）	令和 2 年 （20 生：5 期生）	令和 3 年 （21 生：6 期生）
研修先	フィリピン セブ	フィリピン セブ	フィリピン セブ	フィリピン セブ	国内 （ベルリッツ）	国内 （ベルリッツ）
研修直前① TOEIC スコ ア平均	651.5	625.1	657.2	625.8	669.3	610.0
研修直前② TOEIC スコ ア平均	640.7	611.6	687.9	701.8	679.1	702.5
研修の成果 ②-①	-10.8	-13.5	30.7	76.0	9.8	92.5
備考（②テス ト時期等）	研修後 2 週間帰省し，9 月末に IP 実施	研修最終日にフィリピンセブにて IP 実施	研修後 2 週間 帰省し，9 月末 に IP 実施	研修最終日にオ ンラインテスト 実施

かの人を気にすることなく発言できた」「オンラインは，自分と先生との時間を持つことができるので，たくさんの質問をすることができた」などの意見が寄せられた。何よりこのオンライン語学研修後の TOEIC テストでは，従来よりも良いスコアを出した学生が多くみられ，英語教育の視点では十分な教育効果があったといえる（表 2-2）。

　海外ビジネス研修の代替策は，JETRO の「貿易実務オンライン講座」基礎編を受講，JETRO が発行する修了証の発行をもって，研修を終えたものとみなした。

　この，貿易オンライン講座「基礎編」では，貿易実務初心者でも無理なく学習できるカリキュラムに基づき，基礎的な用語，簡単な英文書類作成の知識，海外取引の特有のリスク，輸出入の流れなど，自分のペースで貿易実務の基礎知識を，輸出入取引の流れに沿って体系的に習得することができるものとなっている[1]。

　2 年目は，この講座受講に加え実際に学んだ知識を実践する場を設けた。1 日 5 コマ，3 日間の受講を義務とした。初年度は，理論を学ぶにとどまっていたが，学生からの「学んだことを実践する場が欲しい」との要望に応える形での提供となった。

　以前より学生へ貿易実務に関する講義を提供できていないことが，課題の 1 つであった。そのため，この講座受講により，学生たちは貿易に携わる基礎的なことを学べたことは意義のあるものであったといえる。受講後に実施した学生アンケート

---

1) 基礎編｜貿易実務シリーズ - 貿易実務オンライン講座 - ジェトロ（jetro.go.jp）

では「受講して貿易ということがどういうものか，理解できた」「受講を通し，このような業務についてみたいと思い，就職先の幅が広まった」などの意見が寄せられた。

海外での語学研修やビジネスの現場で実施するビジネス研修は実施することはできなかったが，以上のような代替策の実施により，今まで学科で抱えていた課題の解決にもつながったように思う。

3 ウィズ／アフターコロナでのグローバル人材育成

新型コロナ感染症の感染拡大により，学生たちは海外への渡航はできなくなったが，本学科学生が海外へのモチベーションを下げることなく，今まで以上の学びと実践を経験するためには何が必要だろうか。

語学研修などオンラインによる研修で，われわれ教員や学生は多くの気づきや新たな学び，今までにはなかった認識をもつことができた。

ウィズコロナを見据えると，「グローバル人材育成」に向けての教育で何が必要であり，どのような教育方法があるかについて検討を重ねる必要がある。

学生のグローバル化に向けたマインドを失わず，国内にいながらグローバルな視野で課題解決をするその方法についての取組に向けた教育方法とその質をどう保証するか。

本学科では，今のところ決定的な解決方法や教育方法はまだ見つかっていない。

オンラインによる教育は，緊急的措置として実施してきた。しかしこの状況が今後も続くことを考えると，緊急措置的教育方法であるオンライン教育をさらに進化させ，その質を高めながらさらなる学修成果を上げるような仕組みが必要だろう。もちろん，現在国から出されている渡航に関する制限がいつまで続くかは見当もつかないが，制限が解かれた際にすぐに派遣できる準備を整えておくこと，また，実際に海外での研修はできないが，それに代わる国内での学習プログラムの作成そして提供が急がれる。

例えば，海外ビジネス研修に代わる国内での外資系企業での研修と海外とをつないだオンライン講義の2本立てが考えられよう。海外の提携大学・海外企業とオンラインでつなぎ，講義や語学研修，またさらにはオンラインでのビジネス研修の実施である。この研修案も，学生が自主的に考え，自分たちが何を学びたいか，どこにアクセスしたいか，自分の将来を見据えて行動を起こす。まさに，従来行ってき

た海外ビジネス研修で養うべき自分で切り開く力や，課題解決能力，語学力向上をこの研修案に学生が積極的に考え実行するなどの代替策も考えられる。

　学生たちが，この研修案をもとに研修を実施し，そののち海外への渡航が可能になった際には，まさに大きな力を身に付けて海外での挑戦に臨めよう。また，大学在学中に海外への渡航が不可能だった際も多くの力をつけて社会へ送り出すことができる。

1　他大学の状況

全員留学制度のある他大学の例

　日本では多くの大学が，国際化の停滞を実感しているなか[2]，多くの課題を抱えながらも国内でできるグローバル教育にとりかかっている。本学国際経営学科での取組である語学研修やビジネス研修とは，その意義や目的，スケールは大きく異なるが，学生に海外での実体験をさせることを重要視しているとの視点は同じである。そこで，全員留学を義務付けている他大学の状況をみた[3]。

　例えば，国際教養大学国際教養学部では，海外提携校での講義をオンラインで1年間受講するなどのプログラムを複数提供し，1年間の留学を行ったものとみなしている。近畿大学国際学部では，各学年でその対応は異なるが，概ね留学先と同じ内容での授業を学内で実施，また，現地大学授業をオンラインで開講している。武蔵野大学グローバル学部グローバルコミュニケーション学科では，各学年で異なるが，ELSカナダと1カ月100時間のオンラインプログラムを双方向で実施，留学事前学習ではグローバル企業研究に焦点を当てている。

　また，今後について，各大学ではオンラインでの利点を取り入れ，対面と併用し学びを強化していく（国際教養大学），留学期間を短くしてもリアルな異文化体験ができる機会を設ける（武蔵野大学），あるいは，留学ができない現時点での異文化体験の不足を懸念しながらも柔軟な対応を検討する（近畿大学）などの方策がとられている。

　留学を義務付けている大学は，いずれも留学の代替策検討に非常に労力を割いていることがうかがえる。そのような状況のなか，この現状を打破するための策として挙げられているものがオンラインを活用したプログラムである。交換留学，短期

2）児山（2021：3）参照。
3）児山（2021：7）参照。

留学，留学準備支援などをすべてオンラインで実施し，留学生をサポートする留学生ヘルプデスクをオンライン開催などが行われている。まさに，オンラインを活用した国際教育の新たな形が構築されようとしているのである。

　国際経営学科では，先にも述べた通り，語学研修やビジネス研修に代わるような先進的取組はまだ道半ばである。どのような取組が学生の利益につながり，教育効果を上げることができるのか。

　学科では，現在も模索を繰り返しながら学生たちが海外に出ずともグローバル人材に近づくような新たな研修の方法やあり方について引き続き検討を重ねている。

4　国際化に向けた全学での取組

　国際経営学科で実施してきた各種研修とは，その意義や目的は異なるが，学科の壁を越え，本学全体でも学生たちが国際を身近に感じ，日常にある国際化を実感できるような仕掛けをつくる必要性を痛感した。

　「本学における国際化の波を止めるわけにはいかない。」

　そこで，国際交流センターでは，大学全体で国際化に向けた動きを止めず，学生の海外へのモチベーションを維持する策として多くのことを検討した。実施したなかでもとりわけ特徴的な取組として，在福岡アメリカ領事館提供による外交官セミナーの開催や，JICA 九州や JETRO などが提供していただく各種セミナーなどを紹介する。

　これらのセミナーは，国際経営学科の学生だけを対象に開催したものではなく，大学全体へ周知し，さらには長崎県の公立・私立高校にも声掛けをして開催した。この開催の意図は，コロナ禍でも学生や高校生の海外へ対するモチベーションをなるべく低下させず，海外への興味・関心を維持することである。

1　外交官セミナー

　このセミナーは，在福岡アメリカ領事館のご厚意により提供されたものであり，現役の外交官によるセミナーである。2020 年度，2021 年度と継続して開催している。まず，テイラー首席領事の特別講演会から始まり，続いて 3 人の領事がそれぞれの専門的立場から英語と日本語で講義を行う。このセミナーの目的は，現役の外交官から英語や日本語を交えながら外交現場での多くのことを講義していただき，学生たちが外国の社会背景や状況・経済状況，外交などについて興味や関心をもつ

ようにすることである。学生や高校生たちは，事前勉強として与えられたテーマに自主的に取り組んでセミナーに備えた。講義後の質疑応答では，積極的に英語や日本語で質問がなされ，時間が大幅に伸びることもあった。4回のセミナーに参加し，それぞれのポートフォリオを提出，在福岡アメリカ領事館と本法人がセミナーを修了と認めた学生と高校生には，修了証を発行した。このセミナーはすでに2年続いており，計150名（2020年度）の修了証を発行している。初年度と次年度を比較してみると，講義の内容にもよるが，学生や高校生たちの予備知識が増えたこともあってか，次年度ではより深い質疑応答がなされていた。何より，このセミナーの開催に学生自らが高校生と共に積極的に携わるようになり，外交官から聞きたいテーマの提案やセミナーの進行についても自主性をもって取り組んでいる姿が非常に印象的であった。外交官の英語やその職業や業務内容，あるいは，それぞれの外交官の背景に触れることで，さらに英語を学びたい，外国に出てみたい，留学したいとの声が多く出たことが最大の教育効果といえる（表2-3）。

2　JETRO「ジェトロ世界貿易投資報告」セミナー

　JETROには，2020年から毎年「ジェトロ世界貿易投資報告」セミナーの開催をしていただいている（表2-4）。このセミナーでは，世界全体と主要各国・地域の経済・貿易・直接投資動向を豊富なデータを用いて分析した年次レポートをもとに解説を行っていただく。本学では，とくに経営学部の学生に向けて毎年開催していただいており，例えば，2020年は「新型コロナが変えた世界，持続可能な国際ビジネスの展望」として，新型コロナウイルス感染症が，2020年以降の世界の貿易・投資・通商ならびにビジネス活動に及ぼした影響をまとめていただいた。また，デジタル化や脱炭素化など，最新の国際ビジネスのトレンドや，コロナ禍での新たなルール・規制の導入がバリューチェーンに与えた影響などを分析した結果を説明していただいた。常に世界の動向に注目し，それをキャッチし，今後にどう生かすかなどについて学生自身が自分で考える場として活用している[4]。

4）平成29年4月25日（水），本学佐世保校において，独立行政法人日本貿易振興機構（JETRO）との包括的な連携推進に関する協定締結式を開催。この協定は，文化，産業，教育，学術等の分野で相互に連携することで，人材教育面，産学連携面，学術研究面等での国際的な展開を推進し，長崎県及び同県内各地域の発展と人材育成に寄与することを目的としている。

〈令和 2 年度〉

表 2-3　外交官セミナー　実施概要

	日時	講師・テーマ	概要	リアルタイム参加校（参加生徒）	小計	本学参加人数	合計人数
基調講演	10月14日（水）14:40～16:10	講師：在福岡米国領事館 ジョン・C・テイラー首席領事 テーマ：Enrichment through International Experiences	日本人家族との交流やリーダーとしての心構え等について講演された。	佐世保南高校（12）佐世保北高校（21）佐世保西高校（29）佐世保商業高校（10）	72 名	学生 258 名	330 名
ランチセミナーⅠ	11月11日（水）12:20～12:50	講師：近藤シャー広報担当領事 テーマ：Soft Power	国力のハードパワーと、文化のソフトパワーの違いについて講演された。	佐世保西高校（29）五島高校（5）北松西高校（40）佐世保商業高校（40）	79 名	学生 23 名 教職員 4 名	106 名
ランチセミナーⅡ	11月18日（水）12:20～12:50	講師：テイラー首席領事 テーマ：Post Election Review	大統領選挙の時期であったため、その仕組みや、背景にあるアメリカの歴史等について講演された。	長崎北高校（12）佐世保南高校（6）佐世保西高校（29）佐世保商業高校（41）	88 名	学生 20 名 教職員 7 名	115 名
ランチセミナーⅢ	12月2日（水）12:20～12:50	講師：ラコマ政治・経済担当領事 テーマ：領事館の政治と経済活動	他国の情報をリサーチ・分析等を行う事は母国の利益に重要であることについて講演された。	長崎東高校（5）長崎南高校（5）佐世保南高校（28）川棚高校（7）北松西高校（5）佐世保商業高校（40）	100 名	学生 18 名 教職員 7 名	125 名
ランチセミナーⅣ	12月9日（水）12:20～12:50	講師：佐世保基地司令部アキ・ニコルズ広報官 テーマ：U.S. Forces presence in Sasebo and our mission	佐世保基地の経済効果や広報業務について講演された。	長崎東（5）長崎北（13）佐世保西（27）佐世保商業（40）	85 名	学生 13 名 教職員 6 名	104 名

〈令和3年度〉

	日時	講師・テーマ	概要	リアルタイム参加校（参加生徒）	小計	本学参加人数	合計人数
基調講演	7月8日（木）14:45～18:15	講師：在福岡米国領事館 ジョン・C・テイラー首席領事 テーマ：How America's History Shapes the Present	アメリカの歴史は現在をどのように形成しているのかについて講演された。		80名	学生90名	170名
第1回	10月26日（火）16:45～18:15	講師：Public Affairs/Political Affairs Officer, Commander, Fleet Activities Sasebo Aki Nichols テーマ："U.S.-Japan Security Relationship: The Role of CFAS"		両校会場受講者…○高校生73名 ○高校教員3名／teams受講者…○高校生27名	103名	学生8名	111名
第2回	11月12日（金）16:45～18:15	講師：Press Attach, U.S. Embassy in Harvey Beasley テーマ："U.S.-Japan Perceptions" ～アメリカと日本の関係性における理解～	※クウェートからのオンラインによる講演	両校会場受講者…○高校生8名／teams受講者…○高校生86名	94名	学生41名	135名
第3回	12月20日（月）16:45～18:15	講師：Public Affairs Officer, U.S. Consulate Fukuoka Yuki Kondo-Shah テーマ："Soft Power and Diplomacy"		両校会場受講者…○高校生64名 ○高校教員3名／teams受講者…○高校生27名	94名	学生10名	104名

※セミナーにすべて参加し（後日の配信を含む）、ポートフォリオを県立大学へ提出した生徒には、在福岡米国領事館及び県立大学から「修了証」が授与された。

表2-4 令和2年度 長崎県立大学×ジェトロ長崎公開講座 実施概要

日時		講師・テーマ	本学参加人数
11月18日（水） 14:40〜17:50	第1部 講演 14:40〜 16:40	(1)「新型コロナウイルス感染拡大の海外ビジネスへの影響〜ジェトロ世界貿易投資報告2020年版より〜」 ジェトロ国際経済課 課長代理 古川 祐 (2) 長崎県立大学のグローバル人材育成の取り組み 長崎県立大学 経営学部 国際経営学科 学科長 岩重 聡美教授 (3) 長崎県企業の海外展開の取り組みとジェトロの支援策 ジェトロ長崎 所長 松尾 修二	学生120名
	第2部 16:50〜 17:50	(A) ワークショップ 「コロナ禍での対応とチームビルディングの重要性」 (B) 海外ビジネス個別相談	(A) 56名 (B) 1組

3 JICA本部ならびにJICA九州センターによる特別講演会

　JICA本部とJICA九州センターには[5]，2019年から3年連続で多くのセミナーを開催していただいている（表2-5）。セミナーでは，開発途上地域等の経済及び社会の開発もしくは復興又は経済の安定に寄与することを通じて，国際協力の促進並びに我が国及び国際経済社会の健全な発展に資するという目的のもと，JICA職員の活躍の様子やご苦労などについても多くを語っていただいた。日本人がグローバルに活躍するための意識や姿勢，必要な語学力など具体的な活動内容も併せて紹介していただいた。海外で活動したいと考えている学生たちにとっては自分たちの将来の進路を考えるうえでも大いに興味をもつセミナーの1つである。このセミナーをきっかけとして，国際経営学科の学生がJICA本部のインターンシップ生として採用され，約1カ月，フィリピン・マニラでの都市整備のプロジェクトに携わった。また，ほかの学生もJICA九州センターでのインターンシップに応募し，約1週間のインターンシップに参加し，海外から来ているJICA研修生と同じ時間を過ごすことができた。これらの貴重な経験をもとに，海外での活躍に向けた自分の夢や希望が高まり，学生自ら自分のライフプランを考えるきっかけとなった。

---

5) 平成31年12月16日，国際協力機構（JICA）九州センターは，長崎県立大学を設置運営する長崎県公立大学法人との間で連携覚書を締結。双方の協力により国際感覚や国際経験を身に付けた人材を育成し，長崎県の地域課題の解決や開発途上国との関係強化に資することを目指している。

表 2-5　令和 2 年度 JICA Day ～キックオフセミナー～ 実施概要

日時	講師・テーマ	概要	参加数
12 月 8 日（火）	講師：JICA 九州研修業務課 荒木 裕 JICA 長崎デスク戸崎 千尋	JICA に関する総合的な説明，ボランティア事業紹介や体験談，また JICA プロジェクトの活動報告	●セミナー参加者：110 名（図書館多目的ホール 105 名，シーボルト校 5 名） ●セミナー終了後懇談：14 名
14:40 ～ 16:10	テーマ：JICA Day ～ キックオフセミナー～		

4　JICA × JETRO 合同セミナーの開催

　2019，2020 年度と，JICA/JETRO 特別講演会は，それぞれに個別で開催していたが，2021 年度，初めての取組として JICA × JETRO 合同セミナー：JETRO × JICA フォーラム『JETRO と JICA をもっと知ろう』を開催した（図 2-1，表 2-6）。

　これは，日本が行う国際協力への連携や，日本の企業が海外へ進出する際の連携サポートなどについてのセミナーである。学生たちは，JICA/JETRO のそれぞれの役割や活動は理解していても，それぞれの組織がどのようにつながり国際協力へと貢献しているのか，そのつながりや継続性が分からない。学生が，社会でグローバルに活躍するためにはまずは基礎知識として学び，理解しておく必要があると学科では考えこの合同セミナーを開催した。学生からは，それぞれの機関の役割や業務内容などが十分にわかっただけでなく，それぞれの強みを生かした活動により結果が出ることが理解できた，などの声が寄せられた。

表 2-6　令和 3 年度 JETRO × JICA フォーラム 実施概要

日時	講師・テーマ		参加人数
2022 年 1 月 19 日（水）13:00 ～ 15:00	第 1 部 基調講演 13:05 ～ 13:40	講師：JFOODO 執行役 前 JETRO 理事長崎県公立大学法人連携教授 北川 浩伸 テーマ：「日本企業の海外展開とグローバル化」	本学学生 70 名 本学教員 4 名 高校 2 校・5 名 一般 9 名
	第 2 部 13:50 ～ 14:55	(1) 講師：国際交流センター 大久保 文博 委員 　　テーマ：JICA JETRO の連携 日本型 ODA と輸出志向型工業化への貢献 (2) 講師：JICA 九州センター 岡下 浩 専門嘱託 　　テーマ：JICA の「民間連携事業」について (3) 講師：ジェトロ長崎　中島 伸浩 所長 　　テーマ：JETRO の事業概要について	

図 2-1　JETRO × JICA フォーラムの広報フライヤー

5　国連ハビタット提供による講義

　国連ハビタット職員による講義も提供いただいている。この講義は，まだ全学には展開していないが，学生からの評価はすこぶる高い。この授業は，もともと海外ビジネス研修の事前講座の１つとして位置づけられている。その時々により講義内容は変わり，ごみ処理の問題，ジェンダー，住環境の問題など多岐にわたる（表2-7）が，一貫して変わらないテーマは，国連という組織がどのような目的のもとどのような手段で世界平和へ貢献しているのか，すべきなのかというものである。2020 年度の講義で特筆すべき内容は，やはり新型コロナ感染症拡大のため海外での活動を実行することができない環境で，どのようにして組織としての活動を継続してきたかについてであった。日本，福岡から遠く離れたアフリカの奥地で発生して

表2-7　2021年度前期　海外事情講座

回	月日	曜日	時限	備考	主題	概要	担当講師（一部敬称略）	教室
1	4月7日	水	4	対面	オリエンテーション	海外事情講座の講義概要、スケジュールについての説明	挨拶：矢野、説明：黒岩	504
2	4月14日	水	4	対面	東南アジア諸国国解説	東南アジア諸国の国事情などの解説及び企業活動について	政治経済：石田、企業活動：大久保	504
3	4月21日	水	4	対面	基礎知識と教養について	大学生にとって必要な基礎知識や教養について（文化・歴史・宗教などの異文化理解	谷澤	504
4	4月28日	水	4	対面	プレゼンテーション（日本語・英語）	日本語および英語によるプレゼンテーションの作成・方法について	黒岩・山本英	504
5	5月19日	水	4	遠隔	国際連合人間居住計画（ハビタット）の海外活動について（仮）	国際連合人間居住計画（ハビタット）による講義	外部講師　国際連合人間居住計画（ハビタット）星野幸代代議	遠隔
6	5月26日	水	4	遠隔	ESの書き方、自己分析、自己PR	マイナビによる自己分析・自己PR・インターンシップ選考対策講座　ES編	外部講師　マイナビ	遠隔
7	6月2日	水	4	遠隔	面接対策、マナーについて	マイナビによる面接対策、社会人マナー　講座	外部講師　マイナビ	遠隔
8	6月16日	水	4	遠隔	日本企業の海外活動・TOTOベトナム	TOTOベトナムにおける事業展開について	外部講師　TOTO株式会社	遠隔
9	6月25日	金	2	対面	マスコミの現状や魅力的なプレゼンテーションの方法などについて（仮）	NHK長崎放送局　アナウンサーによる講義	外部講師　NHK長崎放送局放送アナウンス末花牧雄様	
10	6月30日	水	3	対面	ロジスティクス・世界のビジネスを支える仕組み-.（仮）	九州大学経済学研究院　産業マネジメント部門による講義	外部講師　九州大学経済学研究院　産業マネジメント部門　星野裕志様	
11	6月30日	水	4	対面	タイトル未定	西海陶器による講義	外部講師　西海陶器　川崎琢也様	
12	7月7日	水	4	対面	「長崎」と「海外」をつなぐ-ジェトロ長崎の取り組み-.	ジェトロ長崎による講義	外部講師　ジェトロ長崎	
13	7月14日	水	4	対面	タイトル未定	大阪鋼管による講義（I）	外部講師　大阪鋼管	
14	7月21日	水	4	対面	タイトル未定	大阪鋼管による講義（II）	外部講師　大阪鋼管	
15	7月28日	水	4	対面	JICAのおこなっている活動について	JICA九州による講義	外部講師　JICA九州	

いるごみ処理問題に関する活動などを中止することなく進めるのか。その実施策と今後の進め方についての講義内容はもちろんのこと，どのような状況でもミッションをこなすための取組に，学生たちは深い興味を示していた。

6 （株）ユーグレナによる特別講演会

民間企業の方からも本学国際化に向けて，たくさんのお話をしていただいた。バイオベンチャーの（株）ユーグレナからは，「ユーグレナのソーシャルビジネス——バングラデシュにおける挑戦　貧困0と栄養問題解決に向けて」というタイトルのもとご講義いただいた。最貧国であるバングラデシュでの活動や成果，その意義な

国際交流センター講演会開催のお知らせ

バイオベンチャー企業の株式会社ユーグレナは、健康食品や化粧品の製造・販売を行う傍ら、ミドリムシ由来のバイオディーゼル燃料やバイオジェット燃料などの研究開発を行っています。また、バングラデシュの貧困問題などグラミングループや国連世界食糧計画（WFP）と事業連携し、ソーシャルビジネスとしての取り組みもおこなっています。

長崎県立大学では、上記の諸問題解決にとり組んでいるユーグレナ 事業開発部長、グラミンユーグレナ CO-CEO の佐竹　右行氏による特別講演会を開催いたします。

ソーシャルビジネスや貧困問題などに興味のある方は、ぜひ参加ください。

《　講演会詳細　》

（1）日時　令和3年11月16日(火)　16：20～17：50
（90分　質疑応答10分程度含む）

（2）テーマ　『ユーグレナのソーシャルビジネス － 私たちのバングラデシュにおける挑戦　貧困0と栄養問題解決に向けて』

（3）講師　佐竹　右行　（さたけ ゆうこう）氏
（株式会社ユーグレナ執行役員・海外事業開発担当）
早稲田大学法学部卒業。野村証券に19年間勤務後、パラカの経営に参加し、専務取締役としてマザーズに上場、さらに持株会社の役員として東京グロースリートを東証に上場。2008年に雪国まいたけに入社、同社常務執行役員として、バングラディシュのグラミン財団と合弁企業を設立。貧困問題と栄養問題の解決を目指し、GENKIプログラムと緑豆(モヤシの原材料)プロジェクトを展開中。

（4）参加者　長崎県立大学の学生、教職員、県内高校生、県内企業他

（5）実施方法　長崎県立大学　佐世保校　対面方式（100名以内）
シーボルト校　オンライン（受信）
＊県内高校生はオンラインでの参加も可

（6）場所　（佐世保校会場）　佐世保校図書館多目的ホール
（シーボルト校会場）シーボルト校

◆お問い合わせ：長崎県立大学佐世保校企画広報課
TEL　：0956-47-5856　FAX　：0956-47-8047
E-mail：kikaku@sun.ac.jp

図2-2　国際交流センター講演会開催のお知らせ

表 2-8　令和 3 年度 国際交流センター講演会 実施概要

日時	講師・テーマ	概要	リアルタイム参加校（参加生徒）	本学参加人数
11 月 16 日（火） 16:20 〜 17:50	講師：株式会社ユーグレナ 執行役員・海外事業開発担当　佐竹 右行 テーマ：『ユーグレナのソーシャルビジネス── 私たちのバングラデシュにおける挑戦 貧困 0 と栄養問題解決に向けて』	バングラデシュの貧困問題などグラミング グループや国連世界食糧計画（WFP）と事業連携し，ソーシャルビジネスとしての取り組み	県内高校：9 校	学生　76 名 教員　　4 名

どを聞くうちに，学生たちはソーシャルビジネスや世界が抱えている多くの問題を非常に身近に感じたようであった。何より，講義で学んだソーシャルビジネスの知識と実際の現場の実態をうまく組み合わせて学んでいる姿勢が印象的であった。また，このご講演のなかでは，ビジネスの話だけではなく，外国語を学ぶ意義やその活用方法，人としての在り方などについても貴重な話を聞くことができた（図 2-2, 表 2-8）。

7　学生主体で実施した提携校との交流

　学生が主体的に実施した国際交流として，本学の提携校である中国の華僑大学とのオンラインによる交流会が挙げられる。華僑大学とは長年にわたり，互いに交換留学生を派遣しあっており，本学ともっとも歴史が深く実績のある交換留学先である。送り出した交換留学生の数も多い。今回の学生主体で行われた 4 回の意見交換会では，中国語と日本語でそれぞれの大学や個人について紹介しあい，自分たちが学んでいる内容について説明し意見を交換した。学生たちは，学んだ言語を巧みに使い，相手のことや相手国のことなどを知ると同時にますます中国のことに興味を持ち，現地で学びたいとの気持ちが強まったと聞いている。

5　今後の取組と課題

　学生たちの国際化，グローバル化への意識が着実に浸透し向上してきたさなか，今回の新型コロナウイルス感染症の感染被害が蔓延した。このことは，堅調だった国際経営学科をはじめとする本学での国際化教育に水を差すこととなり，その結果として学内での国際化へ対応する教育はもちろんのこと，留学や海外で実施してい

た各種研修はすべて中止せざるをえず，学生たちの落胆も大きかった。

　しかしこのようなマイナス面もあった一方，他方では，多くの可能性があることを知り，さまざまな気づきや新たな常識がもたらされた事例があることも事実である。

　例えば，オンライン化による授業の配信や今までつながることができなかった海外大学との交流などが可能となったこと，学内で新たに多くのセミナーを開催するきっかけとなったことなどである。

　また，現在進行している海外提携校とのオンラインによる講義の受講や，さらなる海外提携校の新規開拓，海外留学に代わる新たな学習プログラムの検討・実行，また従来よりも充実した外国語修得プログラムの作成やその実践などが今後の課題として挙げられよう。

　「継続してきたグローバル教育を止めることはできない。」

　学生が，新型コロナウイルス感染症の流行による影響のなかでも，自分たちの国際的な学びや留学・交流，そして研修を止めないためには，これまで以上に学生が国際化に対する意識を深める必要がある。そのためには，大学が実施する講義や研修・セミナーの質をより充実させ，その質を高めることが重要になってくる。このようなことを実現するうえで，本学においても「国際化と DX（デジタルトランスフォーメーション，以下 DX とする）」はまさに先手必勝の国際戦略の１つであろう。学生たちの教育環境を整え，それを提供する大学として重要なことは，学生のグローバル志向を失わせず，国内にいながらグローバルな視野を身に付けさせるための仕掛けの組み込みとその質の保証である。学生の海外への渡航がかなわないときに，すぐに対応できる教育環境の整備と教育の質の保証は必須であろう。たとえば DX を活用したオンラインとリアルとの融合によるオンライン化を含む教育の提供は大きな成果をもたらす。先に紹介した本学が実施している語学研修や全学あげての各種セミナー・特別講演会などは，すべてオンラインとリアルを併用した方法で開催した。この方法で実施したことにより，本来学べなかったことを学べるようになり，教育を受ける側も提供する側も不可能なことが可能になったことは明らかであり，非常に大きな成果であるといえる。

　オンラインとリアルを併用した教育方法が発達し，学生に提供はするが，さて，その教育効果はどうなのか。本学でも多くの国際化教育の機会を提供した。学生をみる限りにおいて，われわれの肌感覚では「非常に良かった，学生が新たな意識を持つきっかけとなった」などの感覚はあるが，実状はどうなのか。大学として，教

育の質保証をするには，学生の満足度や教育の効果などをきちんとデータ化し，精査したうえで次に生かすことをしなければならない。そのためには，それぞれの研修やセミナーなどの学生の成績や学生の評価結果をデータ化しておくことは重要だろう。

　各種データを活用した DX 活用法として，令和 2 年 12 月 23 日，文部科学省高等教育局専門教育課からの提供による「デジタルを活用した大学・高専教育高度化プラン」[6] によると，学修者本位の教育を実現するための大学側からのニーズとして，「学生の成長実感・満足度，学修に対する意欲を見えるようにしたい」「学生からの質問にリアルタイムで答えたい」「学生一人ひとりの習熟度にあった教育を行いたい」などが挙げられている。さらには，これらのニーズに DX を活用すれば，学びの可視化とデータに基づく教育の最適化や学びの質の向上などが取組結果として想定できると示されている。また，令和 2 年 12 月 23 日に文部科学省デジタル化推進本部が配布した資料「文部科学省におけるデジタル化推進プラン（案）」の「大学におけるデジタル推進」[7] のなかにも大学・高等専門学校において，デジタル技術を大胆に取り入れたポスト・コロナ時代の教育手法の具体化・成果の普及を図るための環境整備を推進することや，デジタル技術を活用し，高い学習成果の達成や，自発的な学び・気づきの効果的な誘導，現場実習・実験に近い経験の機会確保など授業の価値を最大化する機運を醸成することが求められている。また，デジタル時代の「読み・書き・そろばん」である「数理・データサイエンス・AI」の基礎などの必要な力をすべての国民が育み，あらゆる分野で人材が活躍する環境を構築するために必要な取組を引き続き推進するように求められている。この指針を本学の教育や各種研修に照らし合わせると例えば次のようなことが想定できるかもしれない。学生の成績，毎回の TOEIC 結果，語学研修時の成績やビジネス研修時の評価，各種セミナーの成績データやアンケート結果などを収集し，整理，共有するなどといった成績管理の仕組みを作り上げ活用することによってデータに基づく学生の進路に対する新たな道を示すことができる。あるいは学生が自分では気づいていない就職選択の提案などに関する予測モデルを作成し今後の指導に役立てることも可能となるかもしれない。

---

6) 文部科学省高等教育局専門教育課（2020）
7) 「大学教育のデジタライゼーション・イニシアティブ〜 With コロナ / アフター コロナ時代の大学教育の創造 〜」〈https://scheemd.mext.go.jp/（最終確認日：2023 年 2 月 8 日）〉

　本学では，今後も引き続きグローバル人材の育成を目指し，国際化教育をますます推進する予定である。世界が新型コロナ感染症を克服できたとしてもそうでなかったとしても，この教育方針は変わらない。また，リアルでの海外経験を積むことができないとの想定の下，さらに多くの国際化教育の機会を学生に与え続けなければならない。そのためには，すでに本学が実施しているリアル・オンライン併用の講義や各種セミナーなどを開催すると同時に，それらに対する学生からの評価のほか，受講した学生の成績をデータ化し，分析することで，次に生かす努力を怠ってはいけない。従来実施してきたデータを蓄積するだけの守りのDX，そして新たに打って出る攻めのDXをうまくミックスさせながら，今後も引き続きグローバル教育を徹底し学生への国際化教育に磨きをかけていく必要がある。

　先にも述べた通り，コロナ禍でのグローバル教育には，オンラインでいつでもどこでも繋がることができるDXは必須の手段の一つになる。

　国際的に活躍するグローバル人材の育成にはDX活用は不可欠である。「オンラインでもここまでできる」とのグローバル教育にしっかりと取り組み成果を出していくこと，また異なる視点でのDX活用法として学生のデータを収集，整理，蓄積し，そしてそれらのデータに基づき予測しながら学生への指導を重ね学生の満足度を高めることも大学に与えられた今後の使命と考えている。

【引用・参考文献】

児山雄介（2021）.「学びや交流，研究を止めない！──with コロナのグローバル戦略」『Between』 *1–2*. 6–9.

文部科学省高等教育局専門教育課（2020）.「デジタルを活用した大学・高専教育高度化プラン（令和2年度第3次補正予算（案））公募説明会①」〈https://www.mext.go.jp/content/20201224-mxt_senmon01-000011618_1.pdf（最終確認日：2022年7月19日）〉

第3章

グローバル人材の育成に向けた
オンライン教育の可能性

国際マーケティング論，東南アジア経済論の事例から

大久保文博

1 はじめに

　2020 年〜 2021 年は世界中が新型コロナウイルス（以下，新型コロナと表記）の感染拡大に翻弄された年であった。そしてこの新型コロナの蔓延は社会に様々な功罪を生み出している。その代表例がリモートワークの存在だろう。政府が推し進める働き方改革にも合致している。最近では「work（ワーク）」と「vacation（バケーション）」を組み合わせた造語である「workcation（ワーケーション）」で地方が注目を浴びている。これらは，IT 化，デジタル化，デジタルトランスフォーメーション（Digital Transformation：DX，以下，DX と表記）などにより享受できる産物である。こうした様々な影響は，企業の業種や規模，都市部と地方部，社会人と学生などによっても異なるだろう。ウィズコロナ，アフターコロナでのニューノーマル（新常態）が議論されるなか，地方の公立大学でのグローバル人材の育成に取り組む観点からも，IT を導入したオンライン教育に真摯に向き合う必要があるのではないだろうか。

　早稲田大学の在学生向けアンケート調査によると，リモート教育に対して学生の満足度が高いとの結果が公表されている。同大学のホームページで掲載された「オンライン授業に関する調査結果」（2020 年 12 月）では，「学生の 92.2%が「有益なオンライン授業」があったと回答」や「感染症リスク下におけるオンライン授業と対面授業の適切な実施割合は，オンライン授業 7 割 vs. 対面授業 3 割，リスクがなくなった場合においてはオンライン授業 3 割 vs. 対面授業 7 割となった」としている。学生達がオンライン授業の効果を実感しているからこそ，アフターコロナであってもオンラインの必要性を感じているのであろう。もし同様のアンケートを行った場合，長崎県立大学の学生であれば，どのような結果になるだろうか。本章では，筆者の講義による学生達の評価，声を踏まえ，グローバル人材育成に向けたオンライン授業を含むオンライン教育の可能性を模索する。

2 日本の産業界における IT，デジタル，DX の取組状況

昨今の日本では，「サイバー空間（仮想空間）とフィジカル空間（現実空間）を高度に融合させたシステムにより，経済発展と社会的課題の解決を両立する，人間中心の社会（Society）」（内閣府ホームページ参照）である Society 5.0 の未来社会を推し進めている。Society 1.0 の狩猟社会，Society 2.0 の農耕社会，Society 3.0 の工業社会，Society 4.0 の情報社会に続く位置付けである。今日に至るまで，情報社会における非対称性は知識や情報の分断を生み出してきた。我々の身近な話に置き換えれば，生産者・販売者と消費者の関係を繋ぐシステムなどに例えることができるだろう。人口知能（AI）やビックデータの活用により，こうした情報の非対称性を補い，新たなイノベーションや社会を生み出すことができるのである。

それでは，その社会を実現するにあたり，重要となる DX の状況はどうなっているのだろうか。まず DX の定義について整理したい。経済産業省の「DX レポート～ IT システム「2025 年の崖」の克服と DX の本格的な展開～」（2018 年 9 月）によると，IT 専門調査会社の IDC Japan 株式会社の DX の定義を引用する形で，「企業が外部エコシステム（顧客，市場）の破壊的な変化に対応しつつ，内部エコシステム（組織，文化，従業員）の変革を牽引しながら，第 3 のプラットフォーム（クラウド，モビリティ，ビッグデータ／アナリティクス，ソーシャル技術）を利用し

①商品・サービスのデジタル化		未実施	検討中	実施中
	実施中	1.4% （▲0.5%）	4.9% （1.2%）	21.5% （▲0.7%）
	検討中	1.5% （0.3%）	14.5% （1.3%）	7.2% （▲0.5%）
	未実施	27.0% （▲3.9%）	13.3% （2.5%）	8.7% （0.2%）

②プロセスのデジタル化

商品・サービスのデジタル化に重点		いずれも実施中
	いずれも検討中	
いずれも未実施		プロセスのデジタル化に重点

図 3-1　デジタル化への取組状況（全体，売上高別）全体

備考：n=1,139 社，（　）は前年比増減。
出所：日本情報システム・ユーザー協会（JUAS）「企業 IT 動向調査 2021（2020 年度調査）」報告発表資料 p.27 より筆者作成

て，新しい製品やサービス，新しいビジネス・モデルを通して，ネットとリアルの両面での顧客エクスペリエンスの変革を図ることで価値を創出し，競争上の優位性を確立すること」などと同レポート内で示している。

　それではこうした DX の重要性が説かれるなかで，日本の現状はどうなっているのだろう。日本情報システム・ユーザー協会（JUAS）の「企業 IT 動向調査 2021（2020 年度調査）」によると，企業の売上高の規模次第で①商品・サービスのデジタル化，②プロセスのデジタル化への取組状況に導入の差が生じていることがわかっている。図 3-1 の通り，有効回答数 1,139 社の全体的な傾向としては，①と②の両方を実施中で取り組んでいる企業は全体の 21.5% であるが，どちらも対応していない企業はそれ以上の 27.0% に及んでいる。

　さらに，図 3-2・3 の通り，これを売上高別に 1 兆円以上（54 社），100 億円未満（281 社）に分けると，前者であれば 61.1% が①と②の双方に取り組んでおり，後者であれば 12.8% にとどまってしまう。また，①と②のいずれも未実施は，前者であれば 0% になるものの，後者であれば 43.3% も存在する。こうしたことから，売上高が高い企業ほど，DX に対して積極的に取り組んでおり，その反面売上高が低いほど導入が図られていないことがわかる。

① 商品・サービスのデジタル化	未実施	検討中	実施中
実施中	0.0% (0.0%)	7.4% (7.4%)	61.1% (▲5.6%)
検討中	0.0% (0.0%)	9.3% (4.0%)	14.8% (0.8%)
未実施	0.0% (▲7.0%)	3.7% (20.2%)	3.7% (0.2%)

②プロセスのデジタル化

図 3-2　デジタル化への取組状況（全体，売上高別）売上高 1 兆円以上

備考：n=54 社，（ ）は前年比増減。
出所：日本情報システム・ユーザー協会（JUAS）「企業 IT 動向調査 2021（2020 年度調査）」報告発表資料 p.27 より筆者作成

① 商品・サービスのデジタル化	未実施	検討中	実施中
実施中	1.4% (▲0.9%)	3.9% (0.6%)	12.8% (▲2.5%)
検討中	2.8% (2.0%)	13.2% (▲2.2%)	3.9% (▲2.3%)
未実施	43.4% (1.5%)	11.4% (3.1%)	7.1% (1.7%)

②プロセスのデジタル化

図 3-3　デジタル化への取組状況（全体，売上高別）売上高 100 億円未満

備考：n=281 社，（ ）は前年比増減。
出所：日本情報システム・ユーザー協会（JUAS）「企業 IT 動向調査 2021（2020 年度調査）」報告発表資料 p.27 より筆者作成

表 3-1 「攻めの IT 活用指針」に基づく IT 活用の状況

IT レベル	実施項目	回答数（社）	割合（%）
レベル 1	口頭連絡、電話、帳簿での業務が多い	283	22.7
レベル 2	紙や口頭でのやり取りを IT に置き換えている	281	22.6
レベル 3	IT を活用して社内業務を効率化している	550	44.2
レベル 4	IT を差別化や競争力強化に積極的に活用している	76	6.1
	無回答	54	4.3

備考：n=1,244 社
出所：東京商工会議所「IT 活用実態調査」報告書（2021 年 2 月 25 日）p.7 より筆者作成

　一方，上記の JUAS の調査対象企業は日本国内の大手企業が中心であるため，ここで企業規模の違いを考慮して，中小企業の導入状況も紹介したい。東京商工会議所の「IT 活用実態調査」（2021 年 2 月 25 日）は表 3-1 の通り，さらに視点の異なる分析が示されている。同調査では，IT 活用状況をレベル 1「口頭連絡，電話，帳簿での業務が多い」，レベル 2「紙や口頭でのやり取りを IT に置き換えている」，レベル 3「IT を活用して社内業務を効率化している」，レベル 4「IT を差別化や競争力強化に積極的に活用している」の 4 段階に分け調査を行った。その結果，有効回答企業数 1,244 社のうち，レベル 3 とレベル 4 の割合がそれぞれ 44.2％，6.1％と両方で約 50％の結果となった。

　本調査は JUAS の前述の調査の質問項目と異なるが，中小企業でも一定の割合でデジタル化，IT 化の推進に取り組んでいる実態がわかった。また，IT 化に取り組んでいる企業のなかで，経営者の年齢による取組に差異はなく，同調査内でも中小企業のデジタルシフト推進委員会ワーキンググループの考察として，「経営者の年齢と IT の活用状況には相関があると想定していたが，大きな相関がなかった点は意外な結果であった。経営者が高齢であり，IT に関する知識やノウハウが乏しい場合でも，後継者や IT に詳しい人材を旗振り役として，IT 化に取り組んでいる企業もある」との見解を示している。

　なお，経営者の年齢に対して IT 化の取組の差異はないが，従業員の平均年齢ではその違いがみられた。想像に難くないが，平均年齢が若い企業ほど IT を積極的に活用している傾向にある。表 3-2 の通り，同調査の「IT 活用状況×従業員の年齢」では，平均年齢 30 歳代の企業（n=282 社）はレベル 3 とレベル 4 の割合がそれぞれ，58.2％，8.9％と両方で 67.1％となった。世代が上がるにつれてこの割合は下

表3-2　IT活用状況×従業員の年齢（単位：％）

ITレベル	全体 （1,204社）	30歳未満 （31社）	30歳代 （282社）	40歳代 （646社）	50歳代 （199社）	60歳代〜 （46社）
レベル1	22.7	3.2	13.8	24.0	31.2	39.1
レベル2	22.6	19.4	14.9	23.1	30.2	23.9
レベル3	44.2	45.2	58.2	43.5	32.7	28.3
レベル4	6.1	19.4	8.9	5.1	3.0	4.3
無回答	4.3	12.9	4.3	4.3	3.0	4.3

備考：n=1,244社
　　　レベル1　口頭連絡，電話，帳簿での業務が多い
　　　レベル2　紙や口頭でのやり取りをITに置き換えている
　　　レベル3　ITを活用して社内業務を効率化している
　　　レベル4　ITを差別化や競争力強化に積極的に活用している
出所：東京商工会議所「IT活用実態調査」報告書（2021年2月25日）p.10より筆者作成

がる傾向にあり，40歳代の企業（n=646社）は，レベル3とレベル4の割合がそれぞれ43.5％，5.1％と両方で48.6％となった。また，50歳代であれば，同様に32.7％，3.0％と合計35.7％であった。

　ワーキンググループの考察では「ITを苦手とする高齢の従業員や変化を嫌う従業員からの反発があるため，活用が進んでいないケースがあると思われる。ただし，操作方法を単純にするなどの工夫をし，高齢の従業員でもITを活用できるようにしている企業はある」との見解を示している。こうした結果からも，シニア世代ではなく，若い世代がIT化，デジタル化の推進に向けた旗振り役を担う必要があるのだろう。

3　オンライン教育の教育効果①：国際マーケティング論Ⅰ（2021年度）の事例

　前節までは，日本の産業界におけるIT，デジタル，DXの取組状況について整理した。若い世代を中心に今後のデジタル化社会の担い手を期待したいところであるが，ITを導入した教育機会は，学生達からはどのように受け入れられているのだろうか。冒頭にも触れた通り，企業の業種や規模，都市部と地方部，社会人と学生など条件次第でその状況は大きく異なる。そこで，地方の公立大学である長崎県立大学での筆者の講義にフォーカスして，実態を紐解いていきたい。

　筆者の担当する国際マーケティング論Ⅰと国際マーケティング論Ⅱは，マーケ

ティングの基礎知識を踏まえ，日本からの輸出や投資を想定した海外での販路拡大に向けたマーケティング戦略の構築，それに向けたマーケットリサーチを実践的に学ぶ講義となる。また，その開講年によって外部講師は異なるが，特別講義を設け，経済産業省（METI），日本貿易振興機構（JETRO），国際協力機構（JICA），全日本空輸（ANA）など政府機関，民間企業の現役やOB・OGの方々に登壇を頂き，現場感溢れるケーススタディを学ぶ機会を提供している。

　2021年度第1クォーター（4〜5月）の国際マーケティング論Iでは経営学部国際経営学科2年生の48名が履修をして，全15回のうち9回をビデオミーティングシステムのZoomによる同時双方向型のオンライン授業で行った。オフライン型の対面授業では，ノート型パソコンやタブレット端末の持参を推奨しており，講義中に学生自身がわからない点，気になる点をインターネットで検索することを推奨している。現実社会において，会議中でわからなかった単語や言葉などを，会議後に調べてキャッチアップする対応は有効的な判断とはいえないだろう。有能な社員ほどその場で必要な情報収集を行い，効率的，効果的かつ建設的な会議運営を行っている。また，当然ながら国際化，グローバル化が進む企業・組織であれば，社内のWi-Fiなどの通信環境は整備され，会議中であってもインターネットにアクセスすることが日常的である。今日のグローバル化を迎えた時代の背景には，インターネット普及の存在があり，日常的にデジタルで繋がっている環境で仕事をするのが一般化している。

　インターネットは日進月歩の発展を遂げている。コロナ禍の感染拡大などでオフライン型対面授業を実施することが難しい場合は，Zoomを利用することで，オンライン型対面授業を実現することができるうえ，ブレイクアウトルーム機能を利用することで，仮想空間の個室内で少人数によるグループワークも実施できる。筆者の講義では学生のアクティブラーニングを求める形式であるため，オンライン型の対面授業であっても，Zoomのこの機能を利用すれば，オフライン型同様の効果を見込むことができる。また，スプレッドシートを導入することで，授業中の質問，授業の感想，学生からの質問に対する筆者（教員）への回答などを記載できるようにしている（表3-3参照）。筆者からの質問に対して，学生達が回答を記入することで，他者の様々な分析や見解を知ることができる場になっている。また，教員と学生の間だけではなく，学生間にも存在する情報の非対称性を解消することに繋げる効果も狙っている。こうした教育の中にZoomやスプレッドシートなどのデジタル要素を入れることで，受講する学生にどのような効果，影響をもたらしたのだろう

表 3-3　出欠確認＆コメントペーパー（21 年度国際マーケティング論 I）一部抜粋

#	学籍番号	氏名	学生コメント・質問	教員（大久保）コメント・回答	出欠
12			商社に興味を持ちました。もともと商社はずっと興味を持っていて、授業で商社にも輸出・輸入商社があると感じました。まだまだ商社のことについて調べて、じぶんだけしか分からないだけど、ビジネスみたいに取引しているのを見てみたいと感じました。そして、海外進出は自分たちの企業の拡大を目的とすることが多いと思っていましたが、チロルチョコの会社のように人手不足を補うためにベトナムに進出するなど、企業によって海外進出の目的は様々なことを学びました。ほかにも人手不足等の目的で海外進出している日本企業を知りたいです。	日本では技術者不足の問題があり、製造業での中小企業の中には、それが理由で東南アジアに拠点を設けている会社もあります。ある自動車部品メーカー（日本国内の従業員が、200 名弱）も左記の理由で、海外に拠点を設けていました。	◯
15			貿易関係（輸出入）に興味がわいた、日本でさえ起こるのに海外の言語が違う国同士はどちらの言葉を基準にするのか、嘘はすぐバレる。というのと似ていて失敗したら隠すのではなくその時点ですぐに知らせるのが会社にとっても大事だと感じた。加えて日本だからといって契約するうえで人が正直者ばかりじゃないと。自分は頭があまり良くないから契約書を見て何らかことってるんだとことがあるかもしれない、しかし、その時にどのような対処を取るか。弁護士に聞くのかなど、「もし」が起こった時にどう対処するかが重要。	商社の違いを意識してみてください！https://iroots-search.jp/14180	◯
16			私は先生が例に上げていた貿易時の輸送のリスクをどこまでおおかについての話を聞き。ANA や JAL などの日本の航空会社は輸送時にどこからどこまで輸送のリスクをおっているのか気になりました。	（何か遭った時の保険付与がやはり大事です。船会社や物流会社等は、輸送時の破損など免責にしているケースが多く、荷主（依頼企業）は賠償請求するのが困難です。そのため、東京海上などで保険付与が必要になります。	◯
19			生物の取り扱いなどは難しいと思った。意外と冷凍すればどうにかなると考えたが、魚など冷凍すれば良いが、冷凍しくない生鮮物もあると思った。衛生面が理由に不備があるよ以外にもリスクを追わなければならない。単純に落とると、衛生面の立地や着届く時点で細かい時点で物事を決めておくことが大切だと思った。そう考えると契約時点から来ているのだということも思う。ものを運ぶ送手に入るお金はどこから来ているのだということも思う。例えば Amazon では配送料が無料のことが多い。これは Amazon が自らにしている商品に多いサービスてだらない、有事の際の条件を持てるほどのお金が手に入るのか気になった。	Amazon は自社の物流施設を充実させてるんだよ。今までであれば、大手の物流会社の倉庫を賃借してもらって配送を依頼してただけど、それを自前の立派な倉庫を完備して、自動化で管理しています。AmazonPrime のサブスクリプションで定額徴収することで、消費者に対して無料配送のような見せ方にしているわけです。一方、自社で対応することで物流コストの削減に成功しています。	◯
22			商社が、取引の始まりで、慎重に物事を決めないところこも印象に残り、興味を持った。また他の国と契約する時、向こうの国の条件などの違いでトラブルや勘違いが生まれないように、まず は現地の条件を知ることが大切だとわかった。	その通りです。相手国間の法制度なども理解しておく必要があるため、それらを踏まえる必要があり、語学力か交渉などが求められます。	◯

表 3-4 講義別理解度、学習効果の一覧 (単位：%)

講義名	質問項目		大いに理解できた・深まった／大いに高い	ある程度理解できた・深まった／ある程度高い	どちらともいえない	あまり理解できなかった・深まらなかった／あまり低い	全く理解できなかった・深まらなかった／大いに低い
2021年度国際マーケティング論I n=47	講義内容の理解		19.1	80.9	0.0	0.0	0.0
	理解が深まった要因（スプレッドシート）		57.4	36.2	0.0	3.0	0.0
	講義別理解度	オフライン対面型	80.9	12.8	6.4	0.0	0.0
		オンライン対面型	29.8	46.8	21.3	2.1	0.0
2020年度国際マーケティング論II n=13	講義内容の理解		53.8	46.2	0.0	0.0	0.0
	理解が深まった要因（スプレッドシート）		15.4	46.2	0.0	0.0	38.5
	講義別理解度	オフライン対面型	61.5	30.8	7.7	0.0	0.0
		オンライン対面型	7.7	46.2	38.5	7.7	0.0
2021年度国際マーケティング論II n=19	講義内容の理解		31.6	68.4	0.0	0.0	0.0
	理解が深まった要因（スプレッドシート）		31.6	57.9	0.0	5.3	5.3
	講義別理解度	オフライン対面型	78.9	21.1	0.0	0.0	0.0
		オンライン対面型	5.3	63.2	31.6	0.0	0.0
2020年度東南アジア経済論 n=16	講義内容の理解		31.3	68.8	0.0	0.0	0.0
	理解が深まった要因（スプレッドシート）		68.8	31.3	0.0	0.0	0.0
	講義別理解度	オフライン対面型	81.3	18.8	0.0	0.0	0.0
		オンライン対面型	25.0	50.0	25.0	0.0	0.0
2021年度東南アジア経済論 n=9	講義内容の理解		55.6	44.4	0.0	0.0	0.0
	理解が深まった要因（スプレッドシート）		22.2	55.6	22.2	0.0	0.0
	講義別理解度	オフライン対面型	88.9	11.1	0.0	0.0	0.0
		オンライン対面型	33.3	44.4	22.2	0.0	0.0
2020年度貿易実務オンライン講座 ※参考 n=46	講義内容の理解		10.9	69.6	15.2	4.3	0.0
2021年度貿易実務オンライン講座 ※参考 n=49	講義内容の理解		16.3	71.4	8.2	4.1	0.0
	フォローアップ講座（ロールプレイ）＠Zoomの内容は理解できましたか？		20.4	57.1	16.3	6.1	0.0
2021年度商学入門 ※参考 n=202	講義内容の理解	オフライン対面型	26.2	71.8	2.0	0.0	0.0
		オンライン対面型	51.5	35.6	10.9	2.0	0.0
	講義別理解度		27.7	53.5	16.3	2.5	0.0

か。それを分析するべく，2021 年度の国際マーケティング論 I の受講者 48 名に対して，2021 年 5 月 28 日〜 31 日，Google Forms による Web アンケート調査を行い，47 名（回答率 98%）から回答を得た。

　表 3-4 の通り，「今回の一連の講義内容は理解できましたか？」の質問に対して，19.1% が「大いに理解できた」，80.9% が「ある程度理解できた」との回答であった。本来であれば，「大いに理解できた」の割合が 80.9% であることが望ましいだろうが，上位 2 項目で 100% を達成している点には一定の理解をいただきたい。

　一方，「どの講義形式が学習効果として高いと考えていますか？」の質問に対して，オフライン型の対面授業で「大いに高い」，「ある程度高い」と回答した数は，それぞれ 38 人（構成比 80.9%），6 人の計 43 人（93.7%）であった。これに対して，オンライン型の対面授業に対しては，「大いに高い」14 人（29.8%），「ある程度高い」22 人（46.8%）の計 36 人（76.6%）であった。

　Zoom を用いたオンライン授業であれば，大学への通学時間もなくなり，インターネット環境が整備された状況下であれば，県外でも海外でも，どこにいても授業に参加できるメリットがある。海外旅行先で授業に参加という魅力的な選択もできるわけだが，受講する学生達からはオフラインでのリアル対面型授業を求める声が強いことが結果から見て取れた。さらに，オフラインであってもスプレッドシートの利用を行っていたが，この評価は「講義で理解が深まった要因は何ですか？」という質問で「スプレッドシート」を選んだ学生が，「大いに深まった」27 人（57.4%），「ある程度深まった」17 人（36.2%）の計 44 人（93.6%）と概ね高評価であった。ここで，「スプレッドシート導入で良かった点，改善点・要望点（自由記述）」の質問に対しての学生のコメントをここで紹介したい。整理すると，その大多数は①他の学生のコメントや質問が自身の新たな気づきになったこと，他には②スプレッドシートの書き込みのため質問しやすいこと，③教員からのフィードバックがあるなどの 3 点に分類できた。これは元々想定していた教員と学生間，学生同士における情報の非対称性の改善に一役を買ったという評価をすることができるだろう。なお，公平性の観点からポジティブ，ネガティブな両面からコメントを紹介したかったが，3 名の「あまり深まらなかった」と評価した学生達からは辛辣なコメントはなく，出席確認の根拠となる評価はあるものの，それ以外の効果は享受できないとも読める回答結果であった。

【「あまり深まらなかった」と評価した学生のコメント（3名）】

・大人数で一気に使用しているからなのか，端末の不具合かはわかりませんがたまに使用できませんと表示されて焦ったことがありました。ですが，みんなの意見を見れ，同じ考え方，違う考え方を持った人の意見や質問も見ることが出来ていい機会になりました。

・オンライン授業だと自分の出席がちゃんと取られているのかが分からないのに出席情報を教えてくれない先生がほとんどで何かの手違いで欠席扱いになっていないかなどで不安を感じているが，スプレッドシートのおかげで出席した証拠を残せるところがいいと思いました。

・自分の出席状態が可視化できるところが良いと思った。また，休んでもほかの人のコメントを見たりすることで，少しは理解を深めることが出来たのではないかと思った。

【「大いに深まった」，「ある程度深まった」と評価した学生のコメント（44名より一部抜粋）】

▼他者のコメントで新たな気づき派

・みんなの意見を知ることができて，自分の考えを深めることができた。スプレッドシートは続けるべきだと思った。

・みんなが疑問に思っていることや考えたことなどをシェアできるところが良かったと思う。

・何を学んだか，何を考えたかを具体的に書くことで集中できたし，理解がしやすかった。クラスメイトの意見も参考にできた。

・クラスメイトがどういう意見を持っているのかがリアルタイムでわかったので，その意見を自分の中に吸収しやすかった。

・他の人の内容も見ることができるため参考になる点や自分が気付けなかった事を知ることができて良かった。

・自分の意見を伝えることができる。また他の人の意見を知れる点が良かった。

・自分が思いつかないような疑問や感想があったため，より理解が深まったとともに，講義や課題をいろんな方向から見ることが出来た。

▼質問しやすい派

・人前で質問をする勇気が出ないので，スプレッドシートを利用して気軽に聞

けるのが良いなと思いました。

・なかなか発表をしてまで聞くことではないと感じる質問もスプレッドシートを活用することで気軽に質問できたためよかったと感じました。

・自分の考えた疑問を気軽に先生に質問できる点と，ほかのメンバーの着眼点の違いが非常に面白かった。

▼教員からのフィードバックが有益派
・講義の中で生まれた小さな疑問に回答してもらえる点が良かった。新たな視点を提案してもらえる。

・先生の意見を直接書き込んでもらえること。

・自分では思いつかなかった質問を見ることができより理解が深まった。先生からの回答にある URL にもすぐに飛べること。

・先生が質問に対して授業の終わった後に一つ一つ丁寧に答えてくださるので続けて欲しい。

　これらの結果を踏まえ，2点の疑問が生まれてくる。1点目は「オンライン教育の受講歴・経験値の影響」である。2021年度の国際マーケティング論Ⅰは2年生を対象に4～5月の開講（全15回）であった。前年の1年次に新型コロナの感染拡大により，オンライン教育に1年間触れる経験をしている状況である。近年，文部科学省の GIGA スクール構想により，1人1台の端末環境の整備が進められているが，この回答者の多くはその恩恵を受ける前に高校を卒業した者ばかりである。オンライン教育を受けるのは，大学に入学してからであり，1年の経験では不慣れもあり，同時双方向型のオンライン授業のメリットをしっかりと享受できていない可能性があるのではないだろうか。

　2点目は「学生の知識量の増加による影響」である。国際経営学科の科目配置では，1～2年次に TOEIC 対策に重きが置かれている。2年次になると専門科目の履修が始まるが，この講義を受講する時点（国際マーケティング論Ⅰであれば2年次前期）では専門性の知識に乏しい。オンライン対面型での講義では，グループワークなどのアクティブラーニングの機会を導入することで，授業に対する満足度は一定程度高くなるが，元々インプット量が少ない学生はアウトプットの機会を自ら創造することが難しいのだろう。つまり，オフラインの対面型であれば友人と隣同士で座ることで人間関係のある仲間と講義に参加できるが，オフラインの対面型になる

とグループワークを導入したとしても必ずしも友人と一緒になるとは限らず，有意義な学習の機会にならないのかもしれない。ここで①の疑問に対して，比較をするべく2020年度と2021年度の国際マーケティング論アンケート調査も踏まえ検証を行うことにする。また，②の疑問については，後述の2020年度と2021年度の東南アジア経済論のアンケート結果で検証を行う。

4 オンライン教育の教育効果②：国際マーケティング論Ⅱ（2020年度・2021年度）の事例

2020年度と2021年度の国際マーケティング論Ⅱのアンケート結果を比較する前に，両年度の講義内容には大きく異なる点が1点あることを確認しておく。以下，2020年度と2021年度のグループワーク及び最終レポートのテーマである。2020年度は輸出マーケティングが中心であるが，2021年度は難易度を高め，事業投資の観点を盛り込んだうえでの，現地におけるマーケティング戦略の立案であった。

・2020年度でのグループワーク及び最終レポートのテーマ
水産物［ハマチ（ブリ）・ホタテ・タイ］，和牛，緑茶，日本酒，米粉，日本ワイン，クラフトビールの5品目7テーマの中から対象商品を選定して，日本からの輸出（3年後に2倍の輸出額）に向けて，どのような販路拡大の戦略が必要となるか，各国・地域の市場動向などの分析・考察を踏まえ，政策提言を行ってください。

・2021年度でのグループワーク及び最終レポートのテーマ
東南アジア各国の経済動向，産業動向，貿易動向，市場動向，経済産業政策，外資規制，抱える社会課題などを踏まえ，日本の大手コンビニエンスストア（ローソンを想定）が，どの国で展開するべきかを提言してください。その際，その国に展開することで，コンビニエンスストアがどのような社会的な役割を担うことができるかを論じること。

こうしたグループワーク及び最終レポートのテーマの違いから，2020年度と2021年度の国際マーケティング論Ⅱでの理解度に差が生じている。ここで，両年度の講義に対するアンケート結果を紹介したい。2020年度の国際マーケティング論

Ⅱでは 15 名の受講者のうち 13 名（回答率 86.7%），2021 年度の国際マーケティング論Ⅱでは 20 名のうち 19 名（95%）の回答であった。Google Forms による Web アンケート調査を行い，それぞれ，2020 年 11 月 16 日〜11 月 30 日，2021 年 11 月 18 日〜11 月 29 日に行った。

　表 3-4 の通り，2020 年度の国際マーケティング論Ⅱの「今回の一連の講義内容は理解できましたか？」との質問に対して，53.8% が「大いに理解できた」，46.2% が「ある程度理解できた」との回答であった。他方，2021 年度のそれは，「大いに理解できた」の割合が 31.6%，「ある程度理解できた」の 68.4% であった。上位 2 項目の合計値は双方とも 100% であったが，その内訳を紐解くと理解度に差が生じていることがわかる。

　ここで，スプレッドシート導入について，各国際マーケティング論Ⅱでの「スプレッドシート導入で良かった点，改善点・要望点（自由記述）」の質問に対しての学生のコメントをここで一部紹介したい。

【「大いに深まった」，「ある程度深まった」と評価した学生のコメント】2020 年度（一部抜粋）
・質問を口答でしなくても良い点。
・授業を遮って質問をするのに罪悪感を感じないから。

【「あまり深まらなかった」と評価した学生のコメント】2020 年度（一部抜粋）
・授業の時間外でふと疑問に思った点とかを記入し，必ず大久保先生の方からフィードバックがあったのはすごく良かったと思います。ただ，今回の国際マーケティングⅡでは疑問に思ったことは直接大久保先生や友達に質問していたため，あまりスプレッドシートを活用できませんでした。
・どんなコメントでも先生に拾っていただけることにより，授業に参加している実感が湧くこと。他の人の考えを知ることができること。自分の考えをまとめる手段として活用できること。要するに学びをアウトプットできること。

【「大いに深まった」，「ある程度深まった」と評価した学生のコメント】2021 年度（一部抜粋）
・やはり他人の観点，意見を知れるので自分が考えていなかったいろんな視点が見れるのが非常に良かった。

・質問がある際は，書けば良いので，気軽に出来ました。そこまで改善点はありませんが，終了した講義のシートに色をつけていただければ，次はどのシートに出席を書くのかがわかりやすいかなと思いました。（毎回日付を見て確認，選択していたので，終了した講義日に色がついていれば，もっとわかりやすいかと思います。）

・他の受講者の意見が可視化されたこと。

【「あまり深らなかった」，「全く深まらなかった」と評価した学生のコメント（全2名）】2021 年度

・他の人の意見や考え方を知ることができる点が良かったと思います。

・出席のところがプルダウンで選択できるようになるといいなと思った。

【一連の講座内容を「大いに理解できた」，「ある程度理解できた」と評価した学生のコメント】2020 年度（一部抜粋）

・教員との心理的距離も近く，親近感が湧くような雰囲気であったため，毎回楽しく真剣に講義に専念することができた。

・日本食品海外プロモーションセンター（JFOODO）が行っている米粉 PR や，実際の貿易に関するマーケティングについてなど，実践的で楽しく学べました。他の授業と比べて，割く時間が多く，特にグループワークでの政策提言の課題に関しては，考えさせられる機会が多かったです。ゲストスピーカー，私は特に，クイーンズ伊勢丹で働かれて，MITSUWA そして，良品計画に勤められている方のお話は非常に印象深くて，本質を見抜く習慣についてのお話や，物流のコスト戦略についての思考の組み立て方など，多く学ぶことができました。

・良かった点は 2 つある。1 つ目は，ディスカッションやグループワークなど協働作業があったことである。意見交換やグループでの発表を通して，視野を広げたり理解を深めたりできたと感じる。2 つ目は，最終レポートのテーマである日本の食品輸入のお話を実際に JETRO 職員の方から聞く機会があったことである。授業で学んだ貿易の流れやプロモーションなどを，実際にどのようにしていたのかお話して頂いて，理解が深まった。

【一連の講座内容を「大いに理解できた」,「ある程度理解できた」と評価した学生のコメント（19名）】2021 年度（一部抜粋）

・マーケティング論を受けて特に東南アジアへの関心が深まったこと, さらに貿易に関する様々な規制や市場理解の難しさを学ぶことができた。

・自らで特徴を調べ, メリットとデメリットを細分化するような活動が身になったと感じた。プレゼンを行うにあたって, ターゲットとしている国だけでなく, 今日本のコンビニでどのような取り組みが行われているかなどの現状がよく理解出来た。また, ゲストスピーカーの方の講義は身近に感じないような経験談でとても興味深い内容のものが多かった。

・特別講義で外部の方の話を聞けたことが大変良かったです。また, ローソンの海外進出というのは現実的なテーマでやりがいがあり, 発表も色んな国のことや同級生がどのように考えているのか, プレゼンの仕方など有意義な時間になりました。

　以上のコメントを踏まえ, 2020 年度と 2021 年度の国際マーケティング論Ⅱでのアンケート結果の分析を行うと, 疑問の 1 点目であったオンライン教育の受講歴・経験の影響は, 最上位項目の「大いに理解できた」のコメントをもとに判断すると, ないことがわかった。しかし, 上位 2 項目をみると結果は同じであったため, これは講義内容のグループワーク及び最終レポートのテーマの変更による影響も加味する必要があるだろう。難易度が変わることのバイアスがあるため, この疑問については, 後述の 2020 年度と 2021 年度の東南アジア経済論の結果からも分析を行うこととする。

5　オンライン教育の教育効果③：
　東南アジア経済論（2020 年度）の事例

　東南アジア経済論は 3 年次以上の学生を対象にしており, 2020 年度の第 4 クォーター（12 月～ 1 月）に 20 名が受講した。数名の離脱者がいたため, 最終的には 16 ～ 17 名の受講者であった。東南アジア経済論の特徴は, 東南アジア各国の歴史・文化を踏まえ, 政治・経済動向, 主要産業動向, 貿易・投資動向, 市場動向等についての説明を行い, そのうえでアジア開発銀行（ADB）の「Key Indicators for Asia and the Pacific」, 国連の「UN Comtrade | International Trade Statistics Database」

図 3-4　国際統計を分析する受講学生 (筆者撮影)

など国際統計，貿易統計を利用して，各国のマクロファンダメンタルなどを分析することにある。筆者のリサーチャーとしての実務経験が生きる部分であり，2～3年次の専門科目を受講して知識をインプットした後のタイミングでの講義になるため，意識の高い学生達にとっては更なる成長の場となるだろう。この講義では，例えば，A 国における実質 GDP 成長率と支出別寄与度を求める問題を学生達に提示する。項目は，民間消費（民間最終消費支出），政府消費（政府最終消費支出），投資（国内総固定資本形成）などの記載を英語で理解すると共に三面等価の原則などの専門知識を理解しておく必要がある（図 3-4 参照）。

　2020 年度の東南アジア経済論では「東南アジアの国々の中から関心ある 1 ヵ国を選択して，その国の政治経済動向，主要産業の市場動向，経済産業政策などを調べ，抱える政策課題に対してどのようなアプローチが必要になるか政策提言してください」というものをグループワークとレポートのテーマに課した。2～3 年次の専門科目の知識やゼミなどでの専門性が前提にあるからこそ選択できるテーマ設定である。

　では，2 年次よりも 3 年次の 1 年間の違い，さらにいえば知識量などの豊富さがあることで，理解度や授業形態別の学習効果に差は生じるのだろうか。これを把握するべく，2020 年度東南アジア経済論の受講者 16 名に対して，2021 年 1 月 28 日～2 月 8 日，Google Forms による Web アンケート調査を行い，16 名（回答率 100％）から回答を得た。

　前掲の表 3-4 の通り，「今回の一連の講義内容は理解できましたか？」との質問に対して，31.3%が「大いに理解できた」，68.8%が「ある程度理解できた」との回答であった。講義内容が国際マーケティング論とは異なるため，一概に比較することはできないが，2 年次や 3 年次前期の専門科目などを通じてインプット量が増えることで，東南アジア経済論のようなアウトプット型（アクティブラーニング）による統計分析などでも，しっかりと理解を深められる学生が多くなることが見て取れた。

　国際マーケティング論同様にスプレッドシートの利用を行ったが，これに対する評価は「講義で理解が深まった要因は何ですか？」について「スプレッドシート」を選んだ学生の理解度は，「大いに深まった」11 人（68.8%），「ある程度深まった」5 人（31.3%）の計 16 人（100%）と高評価であった。母数が 2021 年度の国際マーケティング論 I よりも小さくなるが，2 年次向けの同講義においては，「大いに深まった」27 人（57.4%），「ある程度深まった」17 人（36.2%）の計 44 人（93.6%）であったため，3 年次になると「スプレッドシート」を使いこなし，自身の学びに繋げられているといえるだろう。

　ここで，2020 年度東南アジア経済論での「スプレッドシート導入で良かった点，改善点・要望点（自由記述）」の質問に対しての学生のコメントをここで紹介したい。

【「大いに深まった」，「ある程度深まった」と評価した学生のコメント】（一部抜粋）

▼他者のコメントで新たな気づき派

・他の学生の意見が見えることで，自分の考えも深まる。講義以外の時間に考えたことを伝えることができる。

・他の人の考察を見ることができ，視点の違いなど勉強になるところがあった。出席の確認等も簡単にできるため，どんどん活用していただきたい。

・他の人の考え方が共有でき，自分とは異なった考えを知ることができた。

・他の人がどのような観点をしているのか，自分にはない所を知れて面白味があった。

・講義を遮るまではない質問を入力できるので，最後にまとめて聞きにいく必要がなくなった。また，同様の質問を考えている人や考え方の共有ができて良かった。

▼教員からのフィードバックが有益派
・先生から，自分の記入した内容にフィードバックを頂けること，他の学生が
　どのようなことを考えたか参考にできること。
・教員から個別的にフィードバックがいただけた点，他の学生とコメントの比
　較ができた点が良かった。
・スプレッドシートにて自分の意見に対する先生のコメントが有意義なもので
　あった。自分の思考の深さをさらに詰めるアドバイスを提示してくれるので，
　次のステップに進みやすかった。また，他の学生の回答が参照できるので新
　たな気づきを発見することが多々あった。
・その都度反映され他の人の意見を聞くことでさらに思考が深まり，一人一人
　のコメントに教員のコメントも読むことができ，吸収しやすい。

　一方，「どの講義形式が学習効果として高いと考えていますか？」の質問に対し
ては，オフライン型の対面授業で「大いに高い」，「ある程度高い」と回答した数は，
それぞれ 13 人（構成比 81.3%），3 人の計 16 人（100%）であった。これに対して，
オンライン型の対面授業に対しては，「大いに高い」4 人（25.0%），「ある程度高い」
8 人（50.0%）の計 12 人（75.0%）であった。オフライン型の対面授業の支持者は
根強いことがこの結果から読み取れた。一方，2021 年度の国際マーケティング論 I
でのアンケート結果と比較すると，オフライン型の対面授業で「大いに高い」38 人
（80.9%），「ある程度高い」6 人（12.8%）の計 43 人（93.7%）で，オンライン型の対
面授業に対しては，「大いに高い」14 人（29.8%），「ある程度高い」22 人（46.8%）
の計 36 人（76.6%）であった。この比較結果から，講義形式においての学習効果に
対する認識は，学年を問わず，同様の傾向があることが読み取れた。以下，2020 年
度の東南アジア経済論の受講者のコメントを紹介したい。

【一連の講座内容を「大いに理解できた」，「ある程度理解できた」と評価した学生
のコメント】（一部抜粋）
▼統計分析に手応えを感じた派
・東南アジアの国々の情報を先生から得たり，実際に自分でデータ分析して情
　報を得たり，聞くだけの授業ではなく理解が深めやすかったことが良かった
　です。さらに，授業で学んだ東南アジア各国の情報や分析方法を生かしたグ
　ループ活動があることも良かった。しかし，グループ活動の準備時間を増や

してほしい。

・統計資料から自分の必要な項目・数値を抽出し，導き出す作業に加え数値か
ら経済動向を考察することは自分の力になった。

・データの推移を見て，グラフ化すると傾向が分かりやすいと学習できた。ま
た前年比など数値の出し方も知ることができた。もっと今後の東南アジアの
国々の展望など込みの演習などをしてみたかった。

▼グループワークでの考察や政策提言が有益派

・資料の読み込みを時間をかけて行い，考察をすることは有意義だと感じた。
これまでは対面での講義が 1 番効果的だと考えていたが，対面 7 で資料 3
ほどの割合が講義スタイルとして効果的なのかもしれない。

・授業の内容を踏まえながら，最後に政策提言に取り組むことができて，授業
の理解を深めることができた点。

・ジェトロや世銀のレポートを読むことに対して苦痛と思わなくなった。統計
データをどのように活用して分析するか理解できた。

6 オンライン教育の教育効果④：東南アジア経済論（2021 年度）の事例

　ここで，2020 年度と比較するため，2021 年度の東南アジア経済論のアンケート
結果も紹介したい。講義内容は概ね前年踏襲であるが，特別講義での外部講師，グ
ループワークのテーマは一部異なる。2021 年度の第 3 クォーター（10 月～ 11 月）
に 9 名が受講した。この 9 名の受講者は，前年の 2020 年度はコロナ禍での学びに
より，オンライン教育を経験している学生達である。つまり，オンライン教育とい
う点では 2 年目の経験であることから，前節のオンライン教育の教育効果③～東南
アジア経済論（2021 年度）との比較により，「オンライン教育の受講歴・経験値の
影響」を分析することができる。

　2021 年度東南アジア経済論の受講者 9 名に対して，2021 年 11 月 18 日（木）～ 11
月 29 日，Google Forms による Web アンケート調査を行い，9 名（回答率 100％）
から回答を得た。表 3-4 の通り，「今回の一連の講義内容は理解できましたか？」
との質問に対して，55.6％（5 名）が「大いに理解できた」，44.4％（4 名）が「あ
る程度理解できた」との回答であった。また，前述の講義同様にスプレッドシート

の利用を行っていたが，この評価は「講義で理解が深まった要因は何ですか？」の「スプレッドシート」を選んだ学生が，「大いに深まった」2人（22.2%），「ある程度深まった」55.6%（5名）の計7人（77.8%）と高評価であった。しかし，前年の東南アジア経済論（2020年度）のほうが，前述の通り「大いに深まった」11人（68.8%），「ある程度深まった」5人（31.3%）の計16人（100%）とより評価が高かった。この違いは何なのだろうか。大きな違いが1点ある。それは，東南アジア経済論（2020年度）ではほぼすべての授業でのコメントに対して，教員からフィードバックを行ったが，東南アジア経済論（2021年度）は全15回の講義のうち，3回のみスプレッドシートへの質問に対し回答を記入した。スプレッドシートのコメントを踏まえ，口頭で補足説明などを行うこともあったが，そもそも目的である「教員と学生の間，各学生間に存在する情報の非対称性の解消」という点では，後者が片手落ちであったことは否めない。これがスプレッドシート導入に対する評価が前年よりも落ち込んだ主な原因であると考えられる。ここで，「スプレッドシート導入で良かった点，改善点・要望点（自由記述）」の質問に対しての学生のコメントを紹介したい。

【「大いに深まった」，「ある程度深まった」と評価した学生のコメント】2021年度（一部抜粋）
・国際マーケ同様，講義のその場でうまれた疑問をその場で解決でき，また受講者でその疑問と回答を共有できたことで自分の必要以上の理解ができた。
・良かった点：スプレッドシートで他の人がどのような分析をして何を考えたか見ることで，別の視点を知ることができた。今回はデータが消えることはなかった。

【「あまり深まらなかった」と評価した学生のコメント（全2名）】2021年度
・他の人の考察を見ることができ，視点の違いなど勉強になるところがあった。出席の確認等も簡単にできるため，どんどん活用していただきたい。
・みんなの考えている事や鋭い視点は参考になった。特に学生Aと学生Bのマレーシアインドネシアの経済動向を見た時のシートはすごくよかった。
※個人名の記載部分は筆者により削除・修正を行った。

一方，「どの講義形式が学習効果として高いと考えていますか？」の質問に対し

ては，オフライン型の対面授業で「大いに高い」，「ある程度高い」と回答した数は，それぞれ8人（構成比88.9%），1人（11.1%）の計9人（100%）であった。これに対して，オンライン型の対面授業に対しては，「大いに高い」2人（22.2%），「ある程度高い」4人（44.4%）の計6人（66.6%）であった。前述の2020年度東南アジア経済論では，オフライン型の対面授業で「大いに高い」13人（81.3%），「ある程度高い」3人（18.7%）で，オンライン型の対面授業に対しては，「大いに高い」4人（25.5%），「ある程度高い」8人（50.0%）の計12人（75.0%）であった。2020年度と2021年度の東南アジア経済論のアンケート結果を比較すると，オンライン型の対面授業での上位2項目の合計及びその内訳で，オンラインの受講歴・経験のある学生達の方が，有効度が高いことがわかった。以下，受講者のコメントを紹介したい。

【一連の講座内容を「大いに理解できた」，「ある程度理解できた」と評価した学生のコメント】一部抜粋
・良かった点：Excel等を用いた経済動向の計算方法は今後も利用することができるため勉強になった。改善点：グループワークの時間をもう少し確保してほしかった。
・先生をはじめ特別講師の先生方からお話を伺うことができて，さらにグループワークやレポートを通して自分で考え，それをまとめることができる。
・最終発表に向けてグループでのディベートや資料共有によって国際マーケ以上の質や情報の交錯（工作）ができとても有意義な講義だった。
・これまで自分の研究や課題をやるうえで，定量的なデータが欠けているといつも感じていて，この講義でそこをクリアすることができるようになりました。作業の時間もあるため，対面で質問しやすい環境でやるべき講義だと考えます。
・配布資料だけでは，わからない部分がいくつかあった。大久保先生の授業に出席して，説明を理解した後復習しないと忘れるので，そのすべての過程があってようやく授業に対する理解が深まるのではないか，と思った。
・良かった点：UN Comtradeなどデータをどう分析に用いるか学ぶことができた点。外資規制について深く学ぶことができた点。数字のエビデンスを用いてそこからどう提言したら良いか考えることができた点。要望点：ゲストスピーカーの講義はまた来年度も是非取り入れていただきたいです。

・エクセルを用いたデータの分析や計算が難しかったが，とても良かったと感じた。普段あまりエクセルを使わないが，伸び率などを計算することでデータの活用方法を学ぶことができた。東南アジア諸国について1カ国ずつ授業で学んだことで，それぞれの国の違いも感じることができたと思う。

　なお，前述の各講義のなかで，2020年度の国際マーケティング論IIと2021年度の東南アジア経済論の受講者のうち9名が重複している。このサンプルにフォーカスして分析を行うことで，「オンライン教育の受講歴・経験値による影響」，「学生の知識量の増加による影響」についての傾向も一部，読み取ることができる。表3-5はサンプル9名の5段階評価のアンケート回答を点数化した結果である。2020年度の国際マーケティング論IIと2021年度の東南アジア経済論の全体平均はそれぞれ4.0点，4.2点と同程度であるものの，オンライン対面型平均の数値が3.6点から

表3-5　2020年度国際マーケティング論II及び2021年度
東南アジア経済論受講者（9名）の回答結果

回答者	講義名		講義内容の理解	理解が深まった要因（スプレッドシート）	講義別理解度		平均
					オフライン対面型	オンライン対面型	
サンプル1	2020年度	国際マーケティング論II	4	4	4	4	4.0
	2021年度	東南アジア経済論	4	2	5	3	3.5
サンプル2	2020年度	国際マーケティング論II	5	5	4	4	4.5
	2021年度	東南アジア経済論	5	5	4	5	4.8
サンプル3	2020年度	国際マーケティング論II	4	4	5	4	4.3
	2021年度	東南アジア経済論	5	5	5	5	5.0
サンプル4	2020年度	国際マーケティング論II	5	4	5	3	4.3
	2021年度	東南アジア経済論	5	5	5	3	4.3
サンプル5	2020年度	国際マーケティング論II	5	4	5	5	4.8
	2021年度	東南アジア経済論	5	2	5	4	4.0
サンプル6	2020年度	国際マーケティング論II	4	2	5	3	3.5
	2021年度	東南アジア経済論	4	4	5	4	4.0
サンプル7	2020年度	国際マーケティング論II	5	2	5	3	3.8
	2021年度	東南アジア経済論	4	2	5	5	4.0
サンプル8	2020年度	国際マーケティング論II	5	2	5	2	3.5
	2021年度	東南アジア経済論	4	4	5	4	4.3
サンプル9	2020年度	国際マーケティング論II	4	2	5	4	3.8
	2021年度	東南アジア経済論	4	4	5	4	4.3
全体平均	2020年度	国際マーケティング論II	4.6	3.2	4.8	3.6	4.0
	2021年度	東南アジア経済論	4.6	3.3	4.9	4.1	4.2

備考：「大いに理解できた・深まった／大いに高い」5点，「ある程度理解できた・深まった／ある程度高い」4点，「どちらともいえない」3点，「あまり理解できなかった・深まらなかった／ある程度低い」2点，「全く理解できなかった・深まらなかった／大いに低い」1点

4.1 点に大幅に上昇している。2 年次から 3 年次になって，講義別理解度のオンライン対面型で点数を上昇あるいは同等と評価した者は，9 名中 7 名であった。これはあくまで講義別理解度であるものの，東南アジア経済論では講座内容の高い理解度を担保しつつ，オンライン対面型であっても効果があると読み解くことができる。2021 年度の東南アジア経済論では，オンライン対面型（Zoom）を用いて，在外公館の大使館職員に緊迫するミャンマー情勢について講演をしてもらった。この機会はオンライン対面型の機能を利用できるからこその結果である。一方，オンライン対面型の恩恵を受けながらもまだ，オフライン対面型の根強い支持がある点は無視できない。両講義ともオフライン対面型の点数がオンライン対面型を上回っている。

7　おわりに

　『AERA 2021 年 12 月 27 日号』の「大学の対面授業は大教室に学生 3 人」の記事のなかで，都内私立大学の教授の「オンラインはかわいそう，学生も対面授業を望んでいる，と思っていた。でも，必ずしもそうではありませんでした」，国際基督教大学 2 年の女子学生の「オンラインと対面を選択できる授業のほとんどでオンライン視聴を選んでいる」などのコメントが紹介されていた。様々な立場で，それぞれの利害関係が存在しているため，筆者の講義でのアンケート結果と異なる部分もあるが，それもこれも含めて，今後の大学における授業形態などでのニューノーマル（常態化）で，多様化を推し進める必要があるのだろう。今回は日本の産業界における IT 化，デジタル化，DX 化の動向を踏まえ，グローバル人材の育成を掲げる所属学科での筆者の講義にフォーカスして，オンライン教育の可能性を検証した。結論はオフラインの対面授業のニーズがオンライン教育に勝る結果であった。他方，学生達のオンライン教育の受講歴の経験値や知識量の増加で，有益性が上がる点も紐解くことができた。本質的には，適切な難易度とオンライン教育に適した優れたコンテンツを用意することで学生達の理解度，満足度が高まるのだろう。しかし，このオンライン教育の充実や大学内での IT 化，デジタル化，DX 化は，学生を産業界に輩出するうえで，彼らのスタンダード（標準）になる。この経験こそが企業で IT 化，デジタル化，DX 化を受け入れる土壌となり，労働生産性の向上に貢献することができるのだろう。

【引用・参考文献】

朝日新聞出版（2021）.「大教室で対面授業再開も大教室に学生は 3 人だけ」『AERA』（12 月 27 日号）

経済産業省（2018）.「DX レポート――IT システム「2025 年の崖」の克服と DX の本格的な展開」〈https://www.meti.go.jp/shingikai/mono_info_service/digital_transformation/pdf/20180907_03.pdf（最終確認日：2022 年 7 月 8 日）〉

東京商工会議所 中小企業のデジタルシフト推進委員会（2021）.「「IT 活用実態調査」報告書」〈http://www.tokyo-cci.or.jp/file.jsp?id=1024569（最終確認日：2022 年 7 月 8 日）〉

内閣府（n.d.）.「Society 5.0」〈https://www8.cao.go.jp/cstp/society5_0/（最終確認日：2022 年 7 月 8 日）〉

日本情報システム・ユーザー協会（JUAS）（2021）.「企業 IT 動向調査 2021（2020 年度調査）報告発表資料――データで探るユーザ企業の IT 動向」〈https://juas.or.jp/cms/media/2021/04/it21_ppt.pdf（最終確認日：2022 年 7 月 8 日）〉

早稲田大学（2020）.「オンライン授業に関する調査結果（2020 年度春学期）」〈https://www.waseda.jp/top/news/70555（最終確認日：2022 年 7 月 8 日）〉

第4章

遠隔授業導入の経験を
今後の教育に生かすために

寺床幸雄

1 はじめに

1 遠隔授業の実施と全国的な対応の状況

　本章では，2020 年度以降に全学的に導入された遠隔授業について，長崎県立大学での対応の経験をその過程とともに記録し，今後の教育に生かすための簡潔な考察を行うことを目的とする。2020 年 2 月以降，新型コロナウイルス感染症の拡大にともない，全国的に移動の自粛や接触機会の低減が求められた。2020 年度の授業開始を前に，大学でも遠隔授業を実施する可能性が議論されるようになり [1]，一部の教員は 2020 年 3 月後半からオンライン授業に向けた準備などを進めていた。全国的に遠隔授業が導入されて以降は，遠隔授業に用いるシステムの導入方法などを詳説した書籍も相次いで刊行されている（イーディーエル株式会社 2020；梅原 2021 など）。しかしながら，2020 年 4 月段階では，遠隔授業の導入方法には見通しの立たない点が多く存在した。そもそも，遠隔授業にはどういった形式が望ましいか，どのような環境の整備が必要かといったことに関する知見が十分でなかったためである。

　本章では，地方大学での遠隔授業の導入にあたって直面した課題とその対応の道のりを記録し，遠隔授業の導入がもたらした変化について検討する。この作業をとおして，遠隔授業の導入がデジタル化に寄与した側面や，学生とのコミュニケーションにおける変化などをまとめる。作業記録のような内容ではあるものの，大学

---

1) 文部科学省から各大学の設置者に出された 2020 年 3 月 24 日の「令和 2 年度における大学等の授業の開始等について（通知）」では，「3. 遠隔授業の活用について」の項目で面接授業に代えて遠隔授業を行う可能性が周知されている。さらに 2020 年 4 月 1 日には同様に文部科学省の「学事日程等の取扱い及び遠隔授業の活用に係る Q & A 等の送付について」の通知にて同時双方向型の授業例や MOOC（大規模公開オンライン講座）等の活用についても説明がなされた。

における教育改善を実践的に考える際に何らかの参考になればと考えている。

2　長崎県立大学における遠隔授業の導入

　上述のとおり，遠隔授業への対応は未知の試みであり，2020 年 4 月はじめの段階
では，日々変化する状況のなかでどのような対応が可能かについて各教員が試行錯誤
していた。筆者は，遠隔授業の導入に向けた準備状況について，キャンパス内の同
僚の教員に電話で簡単な聞き取りを実施した。パワーポイントを用いて講義を行っ
ていた教員の場合は，遠隔授業への移行の対応もイメージがしやすいとの回答が多
かったが，語学の教員は教室でのリーディングの指導などがあり，対応に不安を抱え
ていることもわかった。また，遠隔授業の導入前から学習管理システム（Learning
Management System, 以下 LMS と記す）の Moodle を併用して授業をしていた語学
の教員からは，LMS を用いた授業の進め方についても助言を受けた。これらの聞き
取りで得られた情報は，その後の具体的な進め方を検討するうえで大いに役立った。
　大学全体でも，遠隔授業への具体的な対応を検討する必要性が高まり，2020 年 4
月前半には，全学的に遠隔授業ワーキンググループが組織された。そこでは，遠隔
授業の形式や導入にあたっての懸念事項などが検討され，実施のための準備が進め
られた。筆者はこのワーキンググループのなかで，とくにオンデマンド型の授業の
導入方法の検討を担当した。また，学部選出の教育開発センター委員を務めていた
ことから，ワーキンググループの作業と並行して，センター委員として初年次科目
「教養セミナー」を遠隔授業形式で開講するための検討にも携わった。

2　オンデマンド型を中心とした遠隔授業の実践

1　Google Classroom の全学的導入

　遠隔授業の導入にあたって，はじめに問題とされたのが学生の安定した通信環境
の確保である。2020 年 4 月当時には，文部科学省からも通知が出され，学生の通信
状況を考慮した遠隔授業を実施することが求められた[2]。そこで，学生の通信状況

---

2) 2020 年 4 月 6 日に各大学の設置者に宛てて文部科学省より「大学等における遠隔授業の
　実施に当たっての学生の通信環境への配慮等について（通知）」が公開されている
　〈https://www.mext.go.jp/content/20200407-mxt_kouhou01-000004520_5_1.pdf（最終確
　認日：2022 年 7 月 19 日）〉。

へも配慮し，オンデマンド型を基礎として遠隔授業が展開できるよう，導入するシステムの検討を進めた。

　本学では，履修登録から授業資料の配布，レポートの課題設定と回収などを行える統合型システムである LiveCampus がすでに導入され，運用されていた。学生の履修登録と成績報告はすべてこのシステムで実施されており，事務局が把握する学生情報の確認の面でもこのシステムが基礎的な土台となる。しかしながら，LiveCampus は教員によって使用頻度などに差異があり，全体的に紹介できるプラットフォームとする面では課題があった。

　そこで，本学が全学のメールシステムとして契約している Google のサービスのうち，オンライン教育の統合的なプラットフォームである Google Classroom を導入することが計画された[3]。筆者は 2020 年 4 月時点でこのシステムを使用したことがなかったものの，Google フォームでのアンケートの実施や Google スプレッドシートの活用など，Google のサービスを教育に活用した経験があった。そこで，Google Classroom を導入するためにそのシステムの操作方法とクラスの設定方法などについて情報収集を行った。4 月の時点では，全国の大学でも遠隔授業の導入は模索段階にあり，教室での講義をリアルタイムで配信したり，動画を作成したりする方法が検討されていた。一方，すでに Google Classroom を導入した授業実践を進め，それについて情報発信している教員もおり，そうした情報を集めることでシステムの基礎的理解を深めた[4]。他大学の教員とも情報交換を行い，遠隔授業の準備状況などについて把握した。

2　教員・学生の Google Classroom 利用に向けた準備

　4 月 14 日には，遠隔授業の導入に関する全学 FD が実施された。筆者は，Google Classroom の導入に関する具体的説明を行った。この全学 FD 自体も遠隔形式

---

3) 本学でこの仕組みがスムーズに導入できたのは，メールシステムで全学的に Google のシステムを導入しており，学生が学籍情報と紐づけられたメールアドレスを保有していたことが大きな背景にある。小中学校，高等学校などの場合には，学生用にアカウントを取得するところから始めなければならない。その場合には，取得したアカウントの管理をどこまで利用者（児童・生徒・学生，あるいは保護者）に委ねるかについても議論が必要である。
4) 具体的な Google Classroom の活用事例やその効果を説明したものに鈴木（2016）や松本・落合（2019）などがある。

GoogleClassroomの仕組み

GoogleClassroom：
PC・スマホアプリの
両方で参照・編集可能
な学習管理システム

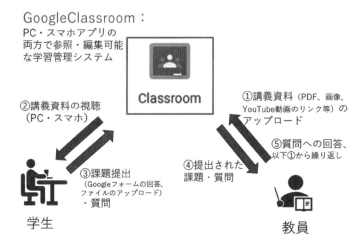

図 4-1　Google Classroom を用いた学生と教員とのやり取りの模式図
出所：学生および教員向けに配信した資料より転載

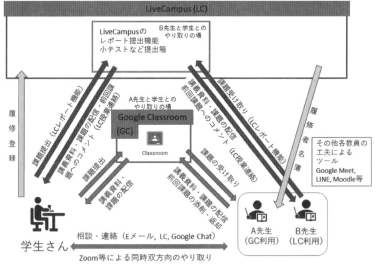

図 4-2　遠隔授業における教員と学生のコミュニケーションの見取図
出所：学生および教員向けに配信した資料より転載

で実施され，筆者は個人研究室から Zoom を用いて説明を行っている。FD では，Google Classroom でのクラスの設定方法を中心に基礎的な操作方法から説明した。また，本学ですでに導入されていた LiveCampus を用いた方法もあわせて紹介し，すでに使い慣れている教員や，非常勤講師の方々が対応しやすい方を選択できるようにした（図 4-1・2）。

　学生向けには，ワーキンググループの主導のもとで学生の受信状況を把握するためのアンケートが実施された。具体的には，学生の保有している端末（パソコン，スマートフォン，タブレット，ヘッドセットなど），通信の状況（通信量の上限など），受講にあたっての質問や不安な点などをたずねた。あわせて，後述する Google Classroom のチュートリアル（試行テスト）についての理解度の把握も行っている。教員向けにも，遠隔授業を配信するための環境に関するアンケートが実施された。

　全学 FD の実施以降，第 1 クォーターでの授業開始が 5 月の連休明けとなることが決定したため，学生向けに Google Classroom の使用に慣れるためのチュートリアルを公開した。「はじめての遠隔授業」と題したこのチュートリアルでは，遠隔授業の実施形態に同時双方向型とオンデマンド型があることなどの基礎的な説明とともに，Google Classroom を使った資料の参照と簡単な課題提出の練習を組み込んだ。二つのキャンパスの約 3,000 名の学生全員に対して，学科別のクラスを設置したうえで，クラスコードから参加する方法を LiveCampus で配信した。当時の状況では，遠隔授業やオンライン授業と聞くと同時双方向型を想像する場合が学生・教員ともに多かったため，オンデマンド型のやり取りを丁寧に説明した。

　このチュートリアルを実施するにあたり，学生のデジタル環境に関する理解をワーキンググループで検討した。具体的には，それまで Microsoft Word でレポートを作成していた学生に，ファイル提出における拡張子の説明をすることなどである。学生が普段使用しているパソコンでは拡張子が表示されない設定になっている場合が多く，1 年生の場合はそもそも Microsoft のソフトウェアや PDF ファイル自体にも慣れていないことが多かったためである。

　チュートリアルは結果としてほぼすべての学科で 9 割を超える学生が実際に参加し，回答を送信した。これは学生たちが授業の実施形態の変更に強い関心と不安を抱いていたことを示しているといえる。学生の回答を見ると，試行版の遠隔授業（チュートリアル）について「試行版を問題なく受講できた」と回答した学生は約 97% で，準備をした説明がおおむね学生に理解される内容であったことがわかる。全学的な授業の開始の前にチュートリアルを体験したことで，学生たちは実際の授

業で Google Classroom で円滑にやり取りを行うことができたと考える。

3 Google Classroom を利用した授業の実践

　全学 FD およびチュートリアルの配信以降，5 月の連休明けの遠隔授業開始に向けて，各教員がそれぞれ授業内容の準備を進めた。ここでは，Google Classroom を用いた筆者の具体的な授業の実践例を紹介する。筆者は第 1 クォーターと第 3 クォーターの講義科目，前期と後期の演習科目を開講したため，それぞれの科目で Google Classroom を活用して遠隔授業を実施した。また，学科共通科目の「新聞で学ぶ経済 II」についても遠隔授業の環境を Google Classroom を用いて整備した。Google Classroom にクラスを設置すると，教員は自身の担当する複数の授業を一つの画面でまとめて管理することができる（図 4-3）。

　2020 年度第 1 クォーターに実施した講義科目の「人文地理概説」の例をもとに少し詳しく説明してみたい。まず，新たなクラスを設定のうえ，受講登録をした学生に LiveCampus を通してクラスコードを示した。クラスコードを使って参加した学生には，講義の受講上の注意点を資料として提示した。講義では，時間割に合わせて 15 回分の資料を課題としてアップロードして公開している（図 4-4）。アップロードしたのは，各授業回のパワーポイントに解説を加筆した資料と，授業内容に関する Google フォーム，前回の授業のコメントフォームの回答とリプライの一覧表である。

　各課題には，学生が取り組む手順を具体的に明示した（図 4-5）。対面授業でパワーポイントを使用していた場合でも，スライドを PDF にして公開するだけでは，学生が内容を十分に理解することはできない。そこで，授業で提示するスライドの間に講義で話す予定だった内容を説明文として書き込み，学生がそれを読むことでスライドの内容が理解できる資料とした。教室で毎週配布していたコメントシートは Google フォームに置きかえ，授業内容に関する簡単な課題を設定し，毎回の授業の感想とともに受講生への回答を求めた（図 4-6）。Google フォームで回答された学生のコメントは，Google スプレッドシートに一覧として出力され，Excel ファイルとしてダウンロードが可能である。筆者の場合は，一覧表を作成したうえで横にリプライの欄を設け，質問への回答や補足説明などを付し，次回以降の授業で公開するフィードバックを行った。学生の授業評価アンケートでも，このフィードバックにより他の学生の考えを参照でき，学びが深まったという意見が見られた。このように，オンデマンド型ではあるものの，教室での学生との双方向のやり取りに近い環境づくりに努めている。

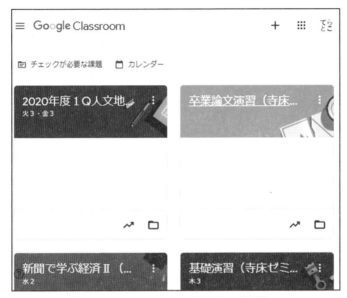

図 4-3　Google Classroom でのクラス一覧の例
出所：筆者のクラス画面より転載

図 4-4　Google Classroom のクラス内の課題一覧の例
出所：筆者のクラス画面より転載

図 4-5　Google Classroom の課題設定画面の例
出所：筆者のクラス画面より転載

図 4-6　Google フォームを用いた授業内課題（コメントフォーム）の例
出所：筆者作成の Google フォームより転載

　演習科目はビデオ会議のツールである Google Meet を使って実施し，報告資料の提出先および他の受講生への共有場所として Google Classroom を活用した。Google Classroom では各クラスに Google Meet のリンクが設定されているため，リアルタイムでの授業とクラスでの資料管理を結びつけることが可能である。報告する学生は画面共有にて資料を提示しつつ説明し，報告を聴く学生は Google Classroom にアップロードされた資料を事前にダウンロードしたうえで参加するようにした。4 年生の場合，講義科目を受講している場合は少なく，ほとんどの学生が演習科目のみの受講であったが，事前資料の提出，当日の報告ともにスムーズに実施することができた。

　また，実践科目の「新聞で学ぶ経済 II」では，Google Classroom と Google フォーム，Google ドキュメント，Google スプレッドシートを組み合わせた授業を展開した。前年度まで，この科目では課題テキストの講読内容の要約をレジュメにまとめて報告する内容と，テキストの内容に沿って 4 択式の時事問題を作成する内容を実施していた。2020 年度はこの授業内容をオンラインで展開できるよう，Google Classroom での実践を行った。まず，すべての授業回の資料については Google Classroom にて配信した。テキストは全員の購入が前提となっているため，ページ数を指定し，要約した内容を Google ドキュメントで提出する方法を採用した。時事問題の作成では，各学生がスプレッドシートに問題と選択肢，解答のそれぞれを書き込むようにした。さらに，Google フォームのテスト機能の解説資料を作成したうえで，蓄積された時事問題を模擬テストとして作成する作業も実施した。最終的には，相互に作成した問題を解き合い，内容の修正などを実施した。このようにすべてがオンラインで完結しているものの，学生の作業の進捗を把握しつつ，相互に学びの成果を参照できる仕組みを構築することができた。

4　Google 関連のサービスの活用

　前述のとおり本学では Google のサービスが全学的に利用できるため，Google Classroom 以外にもいくつかのツールを活用した。

　まず，ビデオ通話を用いずにリアルタイムの授業を実施する方法として，Google Chat を活用した。Google Chat は，Gmail で連絡先が登録されている相手とのチャットが可能であり，初年次科目の「教養セミナー」で学生と教員のやり取りおよび学生間のディスカッションに活用した。学生たちは，LINE をはじめとするチャットツールの使用に慣れているため，円滑に使いこなすことができていた。

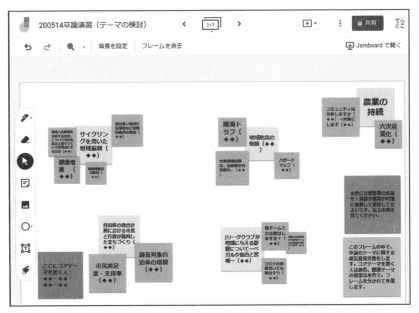

図 4-7　Jamboard（オンラインのホワイトボード）の活用例
出所：卒論演習で議論に使用した画面を一部修正

　次に，遠隔授業のなかでディスカッションを行うためのツールとして，Jamboard
と Google スプレッドシートを活用した。Jamboard はオンラインのホワイトボード
のようなツールであり，付箋を貼ったり動かしたりすることで，KJ 法[5] に近い作
業をオンラインで行うことができる。このツールの活用では，学生の 4 〜 5 人のグ
ループに一人進行役を決め，それぞれの研究のアイデアに対するアドバイスや情報
共有を行った（図 4-7）。

3　遠隔授業での経験を生かした教育改善の可能性

1　オンラインでの学習環境がもたらした変化
　ここでは，オンラインでの学習環境がもたらした変化について，学生側と教員

5）KJ 法は川喜田二郎氏が開発した方法で，研究に関するアイデアを短い言葉で集めたあ
と，内容のまとまりごとに整理するものである。詳しくは川喜田（1967）を参照。

側の両面で簡単にまとめる。学生側の変化としては，パソコンの使用頻度の増加と操作技能の定着が挙げられる。筆者の所属していた学科の場合，学生はスマートフォンなどのデジタルツールを使い慣れている一方で，パソコンを用いる機会が少ないという例も多かった。そのため，インターンなどの際に Microsoft の Word や Excel の操作ができることを受入側から期待され，学生の内実とのギャップが課題となっていた。遠隔授業の経験でパソコンを使用する機会が増えたことは，学生の就職準備においても有益だったと考えることができる。

　教員側における変化としては，急速なデジタル化の進展を挙げることができる。遠隔授業の導入以前は，一部の教員が Moodle を授業に活用していた例以外に，LMS の利用は浸透していなかった。また，大学が契約している Google のサービスについても，Gmail の利用のみで他のツールの活用に目を向けられることは少なかった。遠隔授業として実施するか否かにかかわらず，今回の変化によってデジタルツールを活用することの便利さを感じた教員は多かったと考えられる。加えて，今回紹介した Google Classroom は遠隔授業に限定されず幅広く活用された。たとえば 2020 年度の夏 FD では，教員が学生役で参加できるクラスを設置し，遠隔授業の実施事例を共有するためのプラットフォームとして活用した。このほか，初年次向けの図書館ガイダンスや教職員間での勉強会などにも利用されている。

　遠隔授業の導入時点では，いつまで遠隔授業を継続する必要があるのか見通しがついていなかった。そのため，半年あるいは一年の間の特殊な状況を乗り切ることを想定して準備を進めた側面もあった。しかしながら，結果として新型コロナウイルス感染症対策は 1 年で終わることはなく，2021 年度以降も遠隔授業の実施は継続された。その際に，2020 年度に構築した仕組みを修正しつつ活用することで，2 年目は比較的円滑な授業実施が行えたのではないかと考える。

2　Google Classroom 導入によるコミュニケーション方法の構築

　ここで，Google Classroom を導入したことによるコミュニケーション方法の構築について考えてみたい。まず，学生と教員とのコミュニケーションで重要なのは，共通して参照でき，相互にアクセスのしやすいやり取りの場（プラットフォーム）である。Google Classroom をプラットフォームとした場合の利点を学生と教員のそれぞれの視点からまとめる。

　まず学生の側からは，一つの講義で参照すべき内容を一目で確認できる場が構築されていることが重要である。Google Classroom 内の課題や資料は授業の過去

の回までさかのぼって閲覧でき，レポート作成時などに必要に応じて復習を行うことが可能である。課題には，教員が設定した期限が表示され，期限の一日前にはGmail にリマインダが自動送信されることから，課題の提出忘れなども防止できる。さらに，Google Classroom にはスマートフォン用のアプリケーションがある点も学生にとってのメリットである。実際の資料のダウンロードや閲覧はパソコンを用いて行う場合でも，気付いたときにスマートフォンで資料の所在や内容，課題の期限などを確認できれば，学習計画を立てやすい。パソコンで参照する場合も，学生が参照する大学メールのアプリ一覧に Google Classroom があるため，アクセスすべき場所を見失うことがない。こうしたアクセスのしやすさにより，数十名の受講者がいる場合でも，課題の提出遅れや未提出は少なかった。

　教員側のメリットは，学生に提供した上記の環境を円滑に更新し，毎回の授業を安定して提供できる点である。はじめに操作方法を身に付けるハードルはあるものの，ファイルのアップロードから課題の期限の設定，課題の公開のプロセスはシンプルでわかりやすい。また，予約公開の機能もあるため，前日までに授業課題を準備し，時間割通りに課題を公開することも可能である。課題を提出させた場合も，提出者と未提出者の把握が容易なため，成績評価物の管理が適切に実施できる。さらに，同じ内容の授業を複数の教員で担当する場合，共同で作成した課題をコピーすることで，学生全員に同一の教育内容を提供することができる。

3　オンラインでのコミュニケーションの課題

　次に，オンラインでのコミュニケーションにおける課題についても触れておく。環境としては，遠隔授業を展開するためのツールなどは充実し，実際に授業の実施はほぼ問題なく行われた。一方で，対面でのコミュニケーションでは可能であった学生との情報交換がスムーズにできなかった場合もある。もちろん，対面での授業参加に困難を抱えていた学生が，遠隔授業の導入を機に授業に参加しやすくなった例もあり，オンラインが対面に比べてすべて劣っていたということはない。しかしながら，学生のケアという面では，オンラインだけでは十分にできないことも事実である。また，語学教育など，教室での対面のリーディング・発音指導などが重要

---

6) 学生に課題を提出させる際に，ノートなどをスマートフォンのカメラで撮影して画像で提出させる方法を検討した。しかし，ファイルの管理がうまくいかず，Word ファイル等に貼り付けて提出させる方法に変更するなどして対応した。

な授業も多く存在する。今回取り組んだ遠隔授業の実践の成果と限界を見極めることが大切であるといえる。

4　まとめ

　以上のように，本学で導入された遠隔授業についてその経過を簡単にまとめ，実際に授業を実施して以降の成果と課題について概観した。最後に，こうした教育実践全体に関して簡単な考察を行っておきたい。

　教育における面として，学生の状況の丁寧な把握と対応の重要性を再認識する機会となった。これは，対面授業が当たり前に実施できていた時期には十分に考慮できていなかった可能性のある点である。たとえば，学生の通信量の負担を考えることは，学生の日ごろの経済状況や生活に教員が想像力を働かせることにつながった。さらに，課題の提出締切の設定などについても，効果的なリマインダの設定が提出忘れや提出遅れを防ぐことにつながると理解できた。顔の見えないコミュニケーションになったからこそ，コミュニケーションの重要性を再認識することになったといえる。

　次に，遠隔授業への対応をとおして，少しずつ工夫しながら教育改善を行っていくことの重要性を認識することができた。新たな教育環境の構築過程は試行錯誤の連続である。実際に，Google Classroom の導入でもはじめに紹介した方法の使い勝手が悪く十分に活用できなかったり[6]，教員間で授業実践の情報共有をするなかでより良い活用方法が定着することもあった。学内で取り組まれる FD の取組も，こうした試行錯誤の状況を共有し，それぞれの教育改善につながる内容であることが望ましい。

　さらに，遠隔授業の導入は，学内あるいは学外の教員・事務職員との幅広い連携の重要性を示すものであったと考えている。個々の教員が自身の担当科目の効果的な実施のために工夫を凝らしたのはもちろんのこと，学科単位，全学単位でさまざまな議論が重ねられている。また，こうした対応はさまざまな立場の職員と協働して進めなければ実現できなかった。教職協働という言葉を使ってしまえば簡単であるが，本当の意味での教職協働は，それぞれの立場の教職員が絶えず情報交換を行い，教育の改善に尽力することで実現されるものである。学生数が約 3,000 名で二つのキャンパスに分かれている本学でも，綿密な情報共有を行えば全学的に新たな教育改善が実行することができた。二つのキャンパスの教職員が連携して取り組んだ過程は，地方大学の強みとして今後も生かされていくのではないだろうか。

【付　記】
本章で説明した内容に関する一連の作業を進めるにあたり，ワーキンググループの先生方，
公共政策学科をはじめとする両校の同僚の先生方から多くのサポートとご助言をいただい
た。また，作業を進めるうえで学生支援課，情報システム室をはじめとする職員の皆さん
にも多方面で支えていただいた。ここに記して深くお礼申し上げたい。

【引用・参考文献】
イーディーエル株式会社（2020）.『今すぐ使える！Google for Education――授業・校務で使える
　　活用のコツと実践ガイド』技術評論社
梅原嘉介（2021）.『「Google Classroom」の導入と遠隔教育の実践（改訂版）』工学社
川喜田二郎（1967）.『発想法』中央公論新社
鈴木　寛（2016）.「Google Classroom でできること」『八戸工業大学紀要』*35*: 107–120.
松本宗久・落合俊郎（2019）.「LMS（Learning Management System）を活用した，多人数講義
　　におけるActive Learning の推進及び事務処理の省力化について」『大和大学研究紀要』*5*: 45–
　　50.

第5章

ウィズコロナ時代の地方大学における
公共政策学教育を考える

車　相龍

1　はじめに

　2016年4月1日に開設した公共政策学科は7年目に突入した。前身の地域政策学科時代の11年間に及ぶ経験が生かされたとはいえ，所属学部までも含む再編を通して開設した新生学科であるため，公共政策学科の「学士課程教育」としての一歩一歩が未知の世界へ足を踏み入れるような暗中模索の連続である。さらに，初めての卒業生を輩出した2019年度（いわゆる完成年度）の終わりにかけて国内外を問わず新型コロナウイルス感染症が拡大した。その影響で，その直前まではほとんどの教員が不慣れだったはずの遠隔授業が，この2年間で，もはや学科における教育の日常になってきた。多くの教員が予想もできなかった理由で教育手段，ひいてはその内容までも含む急激な変更を余儀なくされたのである。

　そもそも公共政策学教育の内容と方法について，少なくとも2015年10月に「学士課程教育における公共政策学分野の参照基準」（日本公共政策学会）[1]が検討・作成されるまでは国内で共通の認識や合意といえるものが確立していたわけではない。だから，公共政策学科における教育の内容・方法の土台は基本的には科目ごとに担当教員のディシプリンに基づいて定められる「属人的」なものであり，自前のカリキュラムはその総和にとどまっていた。ディシプリンの観点からすると，それは公共政策学の学修者に対して一群の公共問題の発見・提起・解決にわたる一連の政策形成能力を開発するための効率的な体系になったとはいえず，学修者に与えられる

1）この基準は中央教育審議会の答申「学士課程教育の再構築に向けて」（2008年12月24日）が提起した学士課程教育に関する方針の明確化と質保証の仕組みについて公共政策学の分野より検討・作成したものであるが，それが本学における公共政策学教育の制度設計の際にどれだけ参照されたのかは定かではない。ただし，その半年後に本学の公共政策学科が開設したことに鑑みると，その可能性は極めて低い。

学修経験は断片的なものになる恐れすらあった。幸いにも，専門教育科目のほとんどが必修・選択必修科目であるうえで全学年にわたって配当年次ごとに科目選択の縛りをかけたおかげで，学修経験が学修者ごとにバラバラになることだけは避けられたつもりである。しかしながら，そのような学修経験の総体が一体どういうものとして認識され意味をもっているかは定かではない。

　本章では，これからの公共政策学教育について，ウィズコロナ時代の地方大学という具体的ではあるが未知数な部分も多いコンテクストを踏まえて実際的な意味を吟味しつつ，そのあり方について考えてみようとする。その第一歩として，次節では公共政策学科における学修経験を形づくってきた二つの主体——学生と教員がそれぞれの立場からこれまでの道程を振り返る座談会（フォーカスグループインタビュー）の様子から，上述のように定かではない学修経験の総体がどういうものとして認識され意味をもつようになったかについて考察する。

2 地域創造学部公共政策学科の学士課程教育：これまでの道程

1 学生座談会

　座談会の参加者は公共政策学科の演習担当教員より推薦された4年生の4人であり[2]，座談会の概要を要約すると以下の表5-1の通りである。

　座談会の趣旨と内容の概略については推薦過程を通じて参加者に伝わることを想定して演習担当教員にメールで説明し，教員推薦で参加者が決まってから座談会

表5-1　学生座談会の概要

参加対象	公共政策学科の4年生
参加者数	推薦された5人のうち，4人
参加者の選抜方法	座談会に学生を推薦する意志がある演習担当教員より推薦
内容	〇学修についての期待と目標 〇実際の学修活動 〇学修活動から得られた成果と今後の課題
日時と方法	2021年7月2日10時30分〜12時10分／オンライン座談会

---

2) 10人の演習担当教員に送られた研究協力のメールを根拠に，推薦する意思がある5人の教員から各自1人ずつ，あわせて5人の学生が推薦されたが，当日に1人の学生が参加できず，座談会には4人の学生が参加することになった。

の日程を定め，Zoom Meeting によるオンライン会議の形式で座談会が実施された。100 分程度の座談会においてすべての参加者より録音の同意が得られ，それに基づいて逐語録を作成してその言語データを分析することにした[3]。分析より視点・内容と中心的な主題を区分し，区分されたカテゴリーは「学修についての期待や目標」「実際の学修活動」「学修活動の成果と改善してほしい点」である。分析の結果を整理した表は次ページの通りである（表 5-2）。

　学修経験についての認識は，普通は「興味」「魅力」「良さ」などで示すことができる。このように学修者個人の認識された経験は多様な意味（≒価値）の言葉で表現できる。ここでは学修経験についてのコンテクスト（≒背景となる事柄・理由・事情・関係）を踏まえて具体的な学修経験の意味を抽象化し，学修経験の総体についての共通認識たる内容を仮説的に推論することにする。

　学修経験の意味は，学修者個々人が置かれている多様なコンテクストで生じうるが，本章では「公共政策学科」という学科名のイメージと「公共政策学教育」という実際の学修活動との間のつり合いから生ずるものとして把握する。なぜならば，学科名と学科教育を関連付ける認識はもう世間に定着して久しい連想法であり，今回の座談会においても参加者たちは学科名のイメージと実際の学修活動との間のつり合いに着目して学修経験の意味を語る姿を見せてくれたからである。これは，表 5-2 における「視点・内容」に表れている。

　参加者にとって「公共政策学科」という学科名は「公務員に必要な知識や経験」のイメージをもち，そのなかには地元を意識した「まちづくりや地域活性化の仕組みについての実践的な学び」への期待も含まれるが，それには公共政策という言葉が公務（＝公務員の仕事）を連想させることに起因するところが大きい。

　ところが，実際の学修活動においてはそのような「入学当時のイメージとの違い」が大きく，幅広い学びで公務員志望ではない人にも優しい学びである一方で，いざ学科での学びだけでは公務員になれないことに気づかされる。特に公務員志望の場合，必修科目が多いものの，学ぶ意味や活かし方が分からず，役に立たないと思われがちであり，しかも学ぶ内容のかぶりが多く，科目間の連携が取れていないなど「低学年次科目について残る不満」は多い。また公務員志望ではない場合，必修・選択必修科目が多く，時間割の個性が出せないなかで逆に公務員に向いていないこと

---

3) 逐語録の分析には GTA（Grounded Theory Approach）のオープン・コーディングを用いた（Strauss & Corbin 1997）。

表 5-2　学生座談会における言語データの分析

区分	中心的な主題	視点・内容
学修についての期待や目標	まちづくりや地域活性化の仕組みについての実践的な学び	・もともと地域活性化に興味がある ・離島の人口減少について考えたく、しまなみに興味を感じる
	公務員に必要な知識や経験	・公務員になることが将来の目標である ・専門学校に比べ、公共機関インターンシップなどでより実践的に学べることに魅力を感じる ・地元の動きを感じながら勉強できることが良い
実際の学修活動	入学当初のイメージとの違い	・公務員になるための勉強より幅広い学びで民間企業を含む公務員以外の道の可能性が見えてきた ・民間企業と役所の両方に進むことのできる学びだというイメージである ・公務員志望ではない人にも優しい学びである ・多様な視点から学べることこそ専門学校とは違うなと思う大学らしさであると感じる ・学科での学びだけでは公務員になれず、試験対策については自己責任のような扱いになっている
	低学年次科目について残る不満	・公務員志望の場合、中国語科目以外には役立たないと思われる全学科目と興味深い学部共通科目 ・必修ではあるが1年次だけ履修すれば良いとてやや気分半減し、内容的には高校時代と変わらないため履修する意味が分からなかった英語科目 ・数Ⅲまで及ぶ内容で文系出身の学生は苦戦し、2年次以降には関連科目が見当たらない統計関連科目 ・学ぶ内容のかぶりが多く、科目間の連携が取れていない法律関連科目 ・公務員志望の場合、履修後の活かし方が分からない経済関連科目 ・必修科目が多く、選択肢が限られることで、学生が主体的に時間を活用しながら受講できない
	学専専門科目における学びの限界	・必修・選択必修科目が多く、時間割に個性が出せない ・公務員志望ではない場合、8単位分の選択必修になっている公共科目について、公務員選択必修分野科目より経済・社会関連分野などからより多くの科目を履修したい ・基幹科目では、公務員になるために必要な勉強をしているということは実感できる一方で、公務員志望に向いていないことをも認識させられる ・ほとんどが教科書を使った座学であり、政策現場の生の声や教員の研究にフォーカスした話が聞きたかった ・教員の専門的な研究・論文について知れたら学問的な興味関心も深まり、卒論研究の方向性も見えやすくなる
	実践科目の善し悪し	・民間企業への就活との両立を考えると、役所と民間企業のインターンシップの組み合わせができる公共政策実習の方が良い ・大変だったしまなみに似ている印象を受けた公共政策実習について、学生は選択に迷う ・公共機関インターンシップ・公共政策実習が早めに経験できたら進路決定にも生かせそうだ

実際の学修活動	実践科目の善し悪し	・県外からの学生も多いので、公共機関インターンシップの受入先としてもっと広い範囲で連携してほしい ・コロナの影響でインターンシップの期間が短くなった場合、大学からの補填対策や指導が無かったので、学生間の学びの差が出てしまった ・学生が行政の仕組みについてすでに知っている前提で受入先の職員は話していたので、講義で勉強したことが生かせてよかった ・受入先の部署によるとは思うが、講義で学んだことが生かせる公共機関インターンシップであるとは思わない。ただし、終わってからは公務員になりたい意志が強くなる機会にはなった ・社会調査法、フィールド調査法の授業で学んだことは公共政策実習で活かせたので良かった ・新聞で学ぶ経済の授業を通して新聞を読む習慣がつけたので良かった
	卒論中心の演習教育における意義と不安	・1年生の新入生セミナーから4年間ずっと同じ教員であったため、興味を持っていたテーマについて理解してもらういつつ、そのテーマで卒論まで書くことができた ・最初から卒論のことを意識して自分の興味あることについて深く考えることができたことにすごく満足 ・卒論指導の関係で文書の書き方やマナーなどを社会に出て役立つようなことも教わるので将来に助かる部分がある ・ゼミによって卒論の進捗が結構違うことで、違いところに不安・不満を感じる学生も結構いる ・卒業論文について、1年生のころから怖いと思ったが、手を付け始めてからすべて自分でやることにやりがいを感じ、乗り越えられた時に自分のやる気に行につながる
	進級・卒業要件に対する疑問	・日経テスト以外にニュース検定を取ることもできることとはありがたい ・なぜ日経テスト・ニュース検定をなのかが今一理解できず、その価値があまり見だせない ・日経テストは社会的な認知度も低く、就活に使う理由が疑問 ・日経テスト430点をボーダーにした理由が疑問
学修活動の成果と改善してほしい点	幅広い学びを通した自己成長と進路発見	・幅広い授業で自分の興味・関心ごとについて探ることができ、将来にやりたいことの発見につながった ・実践科目を通して主体的に行動する力が身に付いていた ・公務員志望の場合、目標意識や志が明確になる ・実践科目や教職など、多様な学びの機会があり、自分の成長につながる
	幅広い学びの大雑把なところ	・県外生の場合、事前知識がないので苦労しそうな科目が多い ・長崎県以外の地域のことをピックアップした科目もほしい ・多様には学んだことが一つについて詳しくできるという実感がないので、公務員・教師以外の専門性が追求できる目標設定が示されれば良い ・より早い段階で教職課程についての具体的な情報提供が積極的に進路決定に助かる

も認識させられる「学科専門科目における学びの限界」にしばしば直面する。一方，公務員志望の有無以外にも，実施時期や履修科目，受入先の違い，コロナ禍の影響などにより「実践科目の善し悪し」は変わるものの，「卒論中心の演習教育における意義と不安」や日経テストなどの外部資格試験に結び付けられた「進級・卒業要件に対する疑問」を感じる参加者の認識はさほど変わらない。

　結果的に，このような学修活動の成果としては「幅広い学びを通した自己成長と進路発見」が，改善してほしい点としては「幅広い学びの大雑把なところ」が取り上げられ，幅広い学びという学修活動の支配的な特性が参加者にとっては両刃の剣のように認識されることが推察できる。

2　教員座談会

　座談会の参加者は公共政策学科に所属する専任教員の4人であり，座談会の概要を要約すると表5-3の通りである。

　前述した学生座談会の場合と同じく，座談会の趣旨と内容の概略については参加対象となる学科の専任教員8人にメールで説明し，本人の意思表明により参加者が決まってから座談会の日程を定め，Zoom Meeting によるオンライン会議の形式で座談会が実施された。90分程度の座談会において参加者より録音の同意が得られ，それに基づいて逐語録を作成してその言語データを分析することにした。分析より区分されたカテゴリーは「学科教育の成果と課題」「学士力のありよう」「カリキュラムの良さと課題」「教員間の意思疎通の限界」「学修成果の見える化」「コロナ時代の学科教育」「今後の期待と希望」である。分析の結果を整理したものは表5-4の通りである。

　ここでは，公共政策学教育の教育主体として学修活動の企画者である教員の具体的な教育経験を抽象化し，学修経験の総体についての共通認識たる内容を仮説的

表5-3　教員座談会の概要

参加対象	開設時から勤務している公共政策学科の専任教員
参加者数	4人
参加者の選抜方法	座談会の趣旨を理解し，参加する意志を示した専任教員の自主参加
内容	○学科教育の成果と課題，学士力 ○カリキュラム，教員間の意思疎通，学修成果の見える化 ○コロナ時代の学科教育，今後の期待と希望
日時と方法	2021年6月21日10時40分〜12時10分／オンライン座談会

表5-4　教員座談会における言語データの分析

区分	中心的な主題	視点・内容
学科教育の成果と課題	学科教育に対する学生の目的意識・動機付けの強化	・地域創造学部公共政策学科という中身の分かりやすい学科イメージで目的意識を持って入学する学生の確保ができる ・公務員志向の学生の場合、モチベーションが強くなる ・学修目標が明確になることで、学生が公務員志望などの目的意識を持って入る
	発展途上の専門教育としての限界	・多分野の寄せ集めみたいな感じで、学生が何学を学んでいるか自信が持てない場合がある ・公務員志向が強いところで視野が狭くなる分野の視野が広くなる学生の一極化 ・卒業後の短期的な成果が強調され、中長期的な社会貢献や人格形成など人格面は後回し ・公共機関インターンシップが必ずしも就活に直結しておらず、公務員志向を弱める逆効果になる場合もある ・実践教育が費用等の制限で県内にとどまっており、県外との比較という視点もとり入れる必要がある ・[メンバーシップ型]で[総合力]が求められる日本の雇用現実に応じる教育現実からする仕方がない
学生力のありよう	実学的・実践的な学びを通した地域社会へのコミット力（責任を持って関わる能力）	・前身の地域政策学科時代からの前向きの取り組みで築かれた地域との関係・行政との信頼関係が、公共政策学科における実学的なアプローチの土台 ・実社会との接点を広げることで実践からの気づきからより学んでいけるという意味で実践科目は有効
	実践的で多様性に満ちたカリキュラム	・2000年代以降、社会的に求められる卒業後の実践力として役に立つ人材を育てる教育という時代の要求に応じたカリキュラム ・多様性に満ちたカリキュラム自体は非常に良い
カリキュラムの良さと課題	カリキュラムにおける専門性・統合性・地域性・協働性の強化	・コンピテンシーの側面から、もう少し専門性が強化できる科目があっても良い ・地域における政策のプロバイダーとして、公務員以外の進路も視野に入れた科目の増設 ・各教員の専門分野・バックグラウンド由来の制約を前提とは合致しない部分があり、修正には時間が掛かる ・時間経過とともに軌道修正しながら佐世保・県北・県全体に資する、地域との連携を見越した特色のあるカリキュラムになっていくだろう ・公共的な事柄に係る多様なアクターとの協働を強化する必要性

表 5-4　教員座談会における言語データの分析（続き）

区分	中心的な主題	視点・内容
教員間の意思疎通の限界	学科教育についての認識共有の難しさと共通理解の不足	・教員のバックグラウンドの違いに起因した教員間コミュニケーションの難しさ ・教員間に学科教育における鍵概念・目的についての理解の隔たりがあり、もう少し共通の理解が求められる ・外部講師に依存するFDよりは自主的なFDの方が求められる ・実践科目に対する教員間の情報・認識の共有が難しい ・学科教育についてのコンセンサスがなく、議論する場もなかったことで、科目間の順次性という「レール」が敷かれてこなかった
学修成果の見える化	資格・進路による見える化	・同分野の先進事例となる他大学の場合を見ても、学士力をなす項目の独自性は見当たらず、それを見える化したつもりの資格も認知度が低く、社会的に浸透しない ・高学年になって、入学時・低学年まで持っていた進路という進路が変わる学生がかりいる
	成果指標の開発・修正	・学位修得と履修科目との因果関係についての共通理解が必要 ・簡単ではないが、学修成果の数値化は課題 ・社会とコミットする能力・社会との接し方をより分解して見える化することで学修目標を明確にする必要性 ・卒業要件が多すぎることで学生の自主力を抑制している場合がある
コロナ時代の学科教育	実践教育DX	・非対面・遠隔型の実践教育を模索する必要性 ・PBLプログラムのさらなる強化とそのための「インプット」としての座学の充実化 ・ICTツールなどを活用して制限された中でも現場にコミットしていくことが必要 ・ICTを用いた教育側に対する教員側のスキルアップと学生の積極的な参加 ・対面による関係形成があってからこそ活用できるICTツールによる関係の維持・深化
今後の期待と希望	地域性・自主性・持続性のある専門教育	・国土の最西端にある公立大学として、西日本各地を主にした地方出身の学生たちが集まり、公共の視点から日本の未来のあり方について教育する時代的なフィールドの良さが生かせるようになる ・課題の発見と学びにおける学生の自主性の強化とそれについてサポートできる大学・学科 ・「やらされ感」をなくし、学生が主体となる学修環境の造成 ・身の丈に合う取り組みで持続できる学科教育 ・下積み仕事をやってくれる高卒人材の評判が良いという行政現場の声は聞こえるものの、それとは差別できる、高いところの志を持つ大卒人材を育てるべき

に推論することにする。前節同様，教員座談会においても参加者たちは学科名のイメージと実際の学修活動との間のつり合いに着目して学修経験の意味を語り始めた。これは，表5-4における「視点・内容」に表れている。

　参加者にとって，「公共政策学科」という学科名は学修目標が明確でわかりやすい学科イメージを与えることで「学科教育に対する学生の目的意識・動機付けの強化」の手がかりになるものの，実際の学科教育においては多分野の寄せ集めのようなカリキュラムや「目玉」ともいえる実践科目も含めて「発展途上の専門教育としての限界」があると認識される。また，前身の地域政策学科時代から培われてきた「実学的・実践的な学びを通した地域社会へのコミット力（責任を持って関わる能力）」こそ，学科教育の学修成果としての特徴的な学士力であり，それは「実践的で多様性に満ちたカリキュラム」に支えられているものの，その一方で「カリキュラムにおける専門性・統合性・地域性・協働性の強化」は課題であるとされる。

　そのような学科教育・カリキュラムの課題を解決するにはFD研修を含む教員の資質開発はもちろんのこと，教員間の意思疎通が求められるものの，各教員のバックグラウンドの違いに起因した教員間コミュニケーションの難しさや学科教育における鍵概念・目的についての教員間の理解の隔たりなど「学科教育についての認識共有の難しさと共通理解の不足」が指摘される。また，学修成果の見える化においては現在の日経テスト・ニュース時事能力検定や公務員合格のような「資格・進路による見える化の限界」は否めず，学位修得と履修科目との因果性についての共通理解の必要性から学修成果（≒学士力）の数値化など「成果指標の開発・修正」が求められる。

　一方，これからの学科教育については，コロナ禍による変化としてICTツールを用いた教育の経験を生かして非対面・遠隔型の実践教育に挑む「実践教育DX」と，国土の最西端にある公立大学として，西日本各地を主とした地方出身の学生たちが集まって公共の視点から日本の未来のあり方について主体的に学ぶ学修環境を造りつつ，身の丈に合う取組で持続できる学科教育を追求する「地域性・自主性・持続性のある専門教育」が期待される。

3　小　　括

　上述した通り，学生座談会および教員座談会の言語データの分析結果によると，公共政策学科のこれまでの道程において「公共政策学科」という学科名のイメージと「公共政策学教育」という実際の学修活動との間のつり合いが取れているとはい

えず，それが学修経験についての不満，不安，疑問，限界，不足など否定的な認識を生じさせる理由になる。

　そのような不つり合いは，短期的にはとりわけ実践科目で目立つコロナ禍の影響，長期的には属人化したカリキュラムの限界に端を発するものである。すなわち，実社会の政策現場とのコミット力を培うための実践科目といわれるものの，コロナ禍を受けてからの実際の授業は ICT ツールを用いた机上の仮想空間のみで行われた。また，学科名は公務員関連の専門性を培うカリキュラムを連想させるものとして受け入れられがちであるものの，ほとんど科目ごとに担当教員に任されるだけである実際の教育内容は，多岐にわたって広がるなかで公共政策という「基調色（base color）」が所々薄くなり，その不連続・不連携・冗長性が隠せないまだら模様のようなものとして認識された。

　次節では，コロナ禍の影響と属人化したカリキュラムの限界に留意しつつ，ウィズコロナ時代の地方大学という時空の文脈における公共政策学教育のあり方について考えてみる。

3　ウィズコロナ時代の地方大学における公共政策学教育

1　地方大学に期待される「大学の力」

　地方大学とは，単純にいえば，地方にある大学であり，地方という所在地が大学のことを規定する条件になる。ここでいう地方は地域と同じ意味ではない。もしそうであるなら，東京大学も地方大学といえるはずであるが，誰もそのようにはいわないし，思わないであろう。地方は非首都圏のことを意味し，だから地方大学とは東京圏以外に所在する大学を指す言葉であると理解することが現実的には妥当である。

　地方（≒鄙）と首都（≒都）を区別する物差しの伝統的な基礎は距離である。首都から遠く離れれば，首都を頂点とする文化（≒生活様式）が至らないと思われた。「田舎の学問より京の昼寝」ということわざはそのような世間一般の思いを表すものであるが，距離を克服する技術が発達した今もこのことわざが示唆する社会通念はさほど変わっていない。なぜならば，技術が発達しても，見聞を広める環境として，地方と首都との差は変わらないと思われるからである。首都では怠けていてもいながらに見聞が開けてくるものの，地方では真面目に本を読んでも首都に比べて見聞は広くならない。地方大学はある意味で，このような社会通念に直面する存在

である。

　地方と首都との間に見聞の差が付くと思われる根本的な理由は多くの人々が集ま
ることにある。「人は人中，田は田中」ということわざが示唆するように，人の多
く集まる首都では人を鍛える際に有利なある種の集積利益が働くと思われてきたわ
けであり，それを望んで就学・就職を機に地方から首都へ大勢の人たち，とりわけ
若い人たちが流れていったことは史実である。ところが，人口減少に伴う「地方消
滅」まで懸念されるようになった昨今，若い人たちの流出は地方の将来をむしばみ，
地方の存続を危うくする実存的脅威にほかならない。だから，地方にありながらも
若い人たちを集められる大学は，戦略的な意味で，このような脅威に立ち向かう有
効な手段として期待される。これこそ，近年の地方大学に期待される「大学の力」
の第一義であろう。

　しかしながら，1993年以来18歳人口の減少が続くなかで「大学全入時代」を目
前に控えている今，大学進学率が上昇傾向にあるといえども[4]，大学があるだけで
自然に若い人たちが地方に集まってくるわけではない。もちろん，若い人たちが大
学に集まる理由は複合的であるが，大学が本質的に学問共同体である以上，若い人
たちを集められる地方大学の力の実体も学問であるべきである。ただしその学問は，
実際的には，本（≒理論的・思弁的知識）で勉強するだけではなく，見聞（≒実践
的・経験的知識）をも広めるものとして，上述した地方大学の直面する社会通念を
破るものではなければならない。しかも学問する舞台が，首都に比べて人の少なく，
自然には揉まれない地方であるため，怠けてはならず，自ら進んで真面目に取り組
む学問でなければならない。

　上記の実践的，経験的，主体的，実直的な学問が実際に若い人たちを集められる
地方大学の力をなすためには，そのような学問を追求する目標，活動，経験，成果
を含む日常の学修全般を通して，学問することが学修者にとって意味あるものとし
て認識されなければならない。これは，何らかの手段になる学問に対する自己目的
的学問の当為性を主張するわけではない。手段であれ目的であれ，それを決めるこ
とは学問する当事者としての学修者である。ならば，むしろより大事なことは学修
者にとって学問することが意味あるものとして認識されるかどうかであり，そのた
めには日常の学修全般を通した一貫性のある意味付与，つまり「学修のナラティブ
化」は欠かせない[5]。

4）　文部科学省「令和3年度学校基本調査」

　学修のナラティブ化は，学問というテクストについての学修の意味を組織し展開するために動員する多様な手段，形式，戦略等を包括する構造化の取組である。学修のナラティブ化によってキャンパスを中心に繰り広げられる日常の学修全般についての合理的な説明が提供できるようになれば，学修者にどのような学修経験が実現できるようになるかを示し，それに基づいて学修者はこれから何のための学修が展開されるか予測できるようになる。学修者が予測できるようになる理由は，ナラティブ化した学修は因果関係に基づいて展開し，その連鎖は新しい原因になって新しい結果につながるためである。ナラティブ化した学修は，偶然性をなるべく排除し，各々の学修活動に，互いに区別できる特徴づけられた活動でありながら，明確な学修目標の達成に向けて共有すべき一貫性をもたせ，もっともらしい内容と形式で学修者の安定的な没入を誘導する。没入は，学修者にとって学修経験の実在感が充足することで可能となる充実感と達成感の高揚をもたらすことにつながる。

2　ウィズコロナの時代性

　ウィズコロナは，新型コロナウイルスの完全排除はできないものの，ウイルスそのものによる致命率は下がると同時に人々の免疫力はワクチン等によってある程度向上・維持できるという前提条件の下で，「ソーシャルディスタンシング（social distancing）」を緩和するものである[6]。しかしソーシャルディスタンシングの緩和は，感染源を排除できないなかで感染経路を遮断しないということにつながるために感染拡大を繰り返す可能性は常に残り，必然的に流動的・選択的・個別的なものになるしかない。だから，ウィズコロナは正常な暮らしを取り戻そうとする仕組みへの転換を意味するといわれるが，新型コロナウイルス感染症が終息していないなかでそれが目指す正常な暮らしというものは，コロナパンデミック以前（living in old normal）とは異なる新しいもの（living in the new normal）といわざるをえない。

　歴史的にみると，確かにパンデミックを経た世界は大きく変わる。ただしその変化には，以前にはまったく存在しなかったものが突然現れることより，すでに存在して方向づけられていた進化の流れの一部がパンデミックを契機として飛躍的に速められることが多く，基本的には感染症の影響を緩和（mitigation）するために変

5）ナラティブ（narrative）とは，ある時空（≒コンテクスト）で起こり生じる諸出来事が因果性をもってつながりあうことを指す。

6）感染者より重症者の管理に資源を集中したり，ワクチンの追加接種および接種証明書を前提にソーシャルディスタンシングを緩和したりする。

容・変質した社会環境に適応（adaptation）しようとする性質のものであり，本質的に変異（mutation）というよりは進化の選択的加速（selective acceleration）に近い。

　新型コロナウイルス感染症のもたらした社会環境の変容・変質は根本的にソーシャルディスタンシングに起因する[7]。そもそも「感染拡大を防ぐために社会的に距離をとる」という意味のソーシャルディスタンシングは，マスク着用などをデフォルトとした三密[8]の回避はもちろんのこと，場合によっては個人レベルの隔離や集団レベルの封鎖までも含み，防疫を前提にして社会構成上の物理的な近接性を制限するものである。

　しかしながら，社会構成上の物理的な近接性は物理現実（≒アナログ現実）における人間社会の成立の基礎条件であるため，それが制限される社会構成は以前のようには作動せず，機能不全になる。そのような機能不全をできるかぎり回避するために，物理的な近接性の制限のゆえに生じる限界を補完するつもりでICTツールを用いた情報現実（≒デジタル現実）との折衷が積極的に試みられた[9]。

　当初，情報現実は，物理現実に取って代わるもう一つの現実としては十分ではなく，ぎくしゃくするところが多かった。ところが，多くの人々がコロナパンデミックで日常の長い時間を情報現実で過ごすなかで適応しはじめ，今になっては二つの現実の間を往来することが技術的，技能的，心理的にかなり滑らかになってきた。

　ウィズコロナは，このように折衷した物理現実と情報現実との間を往来する生き方，言い換えれば多重現実（multiple realities）の暮らし方を示唆する。しかも，物理現実における感染拡大のリスクが克服できないなかで社会的な恒常性を維持するためには情報現実に逃避，依存するしかなく，二つの現実の間の非対称性（≒非現実感）を克服しようとする技術の進歩とそれについて社会の進化は物理現実より情報現実で加速する可能性が高い[10]。

　進歩・進化が加速することで実在性が増し，より没入できるものになるにつれて，

---

7) 感染成立の3要因（感染源，感染経路，宿主）への対策として，感染源を排除することも，人々の抵抗力を向上することもうまくできないなかで，感染経路の遮断を図るソーシャルディスタンシングはほぼ唯一の感染対策として強調され続けてきた。

8) 密集，密接，密閉。

9) 物理現実は，19世紀までの人類史におけるほぼ唯一の現実として，生身の人間であるから経験できる強力な実在性をもっている。その一方で情報現実は，20世紀に現れたもう一つの現実として，特定の時空に縛られない自由度の高い経験の拡張性を誇る。

社会資源[11] の多くの部分が物理現実から情報現実へ移動することが予想される。これは停滞した物理現実からの離脱とそれに伴う既存の社会構成の瓦解が促されることを意味し，それによって新規の社会構成およびその作動の基盤となる「プラットフォーム」[12] 競争が物理現実と情報現実の間でも繰り広げられると思われる[13]。

　大学も，ある種のプラットフォームとして，上記のような競争は避けられない。とりわけ，地方という所在地が大学のことを規定する条件になり，見聞を広める環境として地方と首都との差をつけるような社会通念を破るために実践的な現実経験を重視する学問・教育で競争力をつけようとしてきた地方大学は，二つの現実の間にまたがる競争に直面することになる。

　そこで地方大学は，ウィズコロナ時代の競争には，経験自体ではなく，経験の実際的な意味が求められることを忘れてはならない。なぜならば，情報現実の人間の経験は，物理現実のそれとは違って，局地的である必要がなく[14]，空間経験そのものも飛躍的であるためである[15]。すなわち，同一水準の通信速度さえ技術的に確保できれば，生身の人間が物理的にどれだけ離れているかは関係なく，少なくとも視聴覚に限っては今にも同じ経験が情報現実では共有できる。だから，情報現実に地方はなく，大学はあらゆる形態の知識・教育プラットフォームと学修経験の意味をもって競争することになる[16]。

10）例えば，疑似現実（VR）や拡張現実（AR），複合現実（MR），代替現実（SR）など物理現実と情報現実を融合する諸技術を含むクロス・リアリティ（XR）を用いて物理現実とは異なる3次元の仮想空間・サービスを構築しようとするメタバース（metaverse）の試みがコロナパンデミックのなかで活発になっている。

11）生活環境に実在し，社会およびその構成員が一定の課題を解決したり特定の目標を達成したりするために動員・活用できる物的，人的，制度的な諸要素および情報を指す。

12）ある社会を作動させる基盤となる構造，制度，サービスなどの組み合わせを意味する（≒作動環境）。

13）商業空間における大型店とインターネットショッピング，またはシネマコンプレックスとOTT（Over-The-Top）サービスとの競争が先行例である。

14）なぜならば，物理現実における人間は一つの体をもち，それが連続的に及ぶ特定の時空に限られた局地的な経験をするが，情報現実における人間は体をもたず，視聴覚のみという感覚の制限はまだあるものの，離散的で特定の時空に限られることのない非局地的な経験ができるからである。

15）例えば情報現実では，長崎に関する経験からニューヨークに関する経験へ，自分のペルソナ（メタバースなら，アバター）を通して直接に飛び込むことができる。

3　公共政策学教育に求められるもの

　公共政策学教育の標準カリキュラムのようなものは存在しないなかで，既述した不つり合い[17]を修正し学修経験の否定的な認識を弱めるには，①学修活動の主体性を高めることで，実在感の不足に起因した充実感の低下を防ぎ，達成感が得られるようにすることと，②学科名の表す鍵概念を再認識できる機会・仕組みを作ることで，学科教育に関する構成員間の共通理解の不足に起因した一貫性の欠如を防ぎ，ひいては共有価値の創造（Creating Shared Value, CSV）[18]につなげることが求められる。

　①に関しては，アクティブラーニング（active learning）[19]の考え方に基づくPBL（Project/Problem-Based Learning）が有効である[20]。PBL は，学修者の興味に基づく自発的活動を重視し，公共政策学教育においても政策問題を主体的に把握し，考え，問題解決を試みる力を育む重要な方法として位置付けられている（河井2018）。ただし，実世界（≒物理現実）の現場での活動に基づいて課題に取り組む学修環境であることが求められてきたため，コロナパンデミックにおける PBL は制限され，それのもつ学修活動の主体性を高める効果はかなり限定的なものになってしまった。そこで，そのような制限・限定の原因となったソーシャルディスタンシングの緩和が流動的，選択的，個別的なものになるしかないウィズコロナ時代に PBL を維持するためには，ブレンデッド・ラーニング（blended learning）[21]，ハイブリッド・ラーニング（hybrid learning）[22]，ハイフレックス・ラーニング（hyflex learning）[23]など物理現実と情報現実にまたがる学修環境の構築が欠かせない[24]。

---

16) そのような競争において「実践ごっこ」の立場はなく，学修者が没入できない学修経験の淘汰は免れない。
17) 2 節 3 項を参照すること。
18) 経済的価値と社会的価値の両立を意味する（Porter 2006）。
19) 学修者が，受け身ではなく，自ら能動的に学びに向かうよう設計された能動的学修のことを指す。
20) 近年国内の公共政策学教育においても積極的に検討・導入されている「キャップストーン・プログラム（capstone program）」はその一例といえる。これは学修の総仕上げとして，在学中に学んだ内容を活用し，社会の現実的な問題に適用して解決方法を探る実践的なプログラムである（青山 2013）。
21) 対面学修を補完する形で非対面学修を統合した学修モデルである。そもそも反転授業（flipped learning）はその一形態として始まった。
22) 対面学修の一部を置き換える形で非対面学修を統合した学修モデルである。

②に関しては，何より公共性（publicness）を再確認できる教育の場が必要である。なぜならば，共有価値創造の基底をなすものは共通善（common good）[25] を追求することであり，それは公共性を明らかにし，それを基に範囲を定めることから始まるためである。公共性は私的な（private）こととは区分される性質（common, public, open）を意味するが，社会構成員各自の考え方や利害関係が異なるため，その性質を明らかにする過程が重要である。また，公共性の範囲は，誰かによって既に定められて固定したわけではなく，時空によって変わるものであるため，それについてもやはり定める過程が重要である。このように公共性を明らかにし，その範囲を定める過程は公共圏（public sphere）[26] の構成と密接に関係するが，問題は，公共圏の構成に土台となってきたものがコロナパンデミックの影響で変動している，ということである[27]。公共政策学教育の基本は，政策立案のテクニックを身につけることではなく，共同体の構成員として公共性を認知し，公共の目的達成に向けて自律的に参加できる市民としての力量（citizen competence）[28] を強化することである。そのため，コロナパンデミックの影響を受けた公共圏の変動に敏感に反応し，ウィズコロナ時代の公共性を再確認できる教育の場は，単なる時宜性の確保ではなく，公共政策学教育の求めるべき核心力量（core competence）を追求することにつ

---

23) 対面学修と非対面学修の両方を構築し，学修者がどちらかを選択したり，両方を行き来したりできるようにした学修モデルである。国内では大阪大学などが先駆けて取り組んでいる（大阪大学の「ハイフレックス型授業実践ガイド（https://www.tlsc.osaka-u.ac.jp/project/onlinelecture/hyflex.html）」参照）。

24) 井上（2020）は，コロナ禍を受けての大規模な PBL と反転授業のオンライン化の経験を踏まえ，対面学修と非対面学修の最適連携に向けた今後の展開を展望している。

25) すべての社会構成員に分配され，利益になるものであり，とりわけ公共的領域における集合的・実践的行動を通して成就できる（Dupré 1993）。

26) 個人が生活するなかで他人や社会と相互に関わりあいをもつ論題について議論する公的議論の時間や空間，または制度的な空間と私的な空間の間に介在する領域として民主的な過程に欠かせないものである（Habermas 1989）。

27) 例えば，物理現実の公共空間が立ち入り禁止や閉鎖になったり，人々の関わり合いが作り出す公共性を実現する活動ができなくなったりして，関連文化自体が弱化している。また，テレワークや非対面授業により，今まで私的空間であったはずの物理現実の自宅やマイルームに，Zoom Meetings・Google Meet・Microsoft Teams などを介した会議室や教室など情報現実の公共空間が重なることで，公私の領域的な区分が曖昧になっている。

28) Elkin & Soltan（1999）

ながる。とりわけ，コロナパンデミックの状況で行き詰まり，限界を露呈した資本主義の問題解決の仕組みを，公共財に着目した公益の共創に向けた公共部門の脱構築により見直そうとする試みが注目されるなかで[29)]，幅広い学びを通して「公務」と「私務」にまたがる興味・関心をもつことになる公共政策学科の学修者にとって，それは生き方の価値判断において第三の道に気づく機会を与えることになりえる。

4　おわりに

　2020 年 5 月 7 日，新型コロナウイルス感染症の影響で例年より 1 か月遅く始まった授業はすべて非対面の遠隔形式で行われることになった。そして，ICT ツールを用いた遠隔授業にまったく不慣れであった多くの教員・学生を支援する全学的な体制が臨時の遠隔授業検討チームを経て教育開発センターを通して整い，各々の教員・学生も遠隔授業に少しずつ慣れながら自分なりのノウハウを蓄積できるようになってきた。それにつれて，全面中止にせざるをえなかった公共機関インターンシップを含む実践科目においても部分的でありながら非対面の遠隔形式の学修活動が試みられた。

　その一方で，2020 年 1 月 22 日に中央教育審議会大学分科会より取りまとめられた「教学マネジメント指針」を手掛かりに，学修者本位の公共政策学教育の実現を目指してカリキュラムの検討と見直しが始まり，学修成果の可視化に向けて学修目標を具体化し，個々の授業科目が学位プログラムを支える体系的・組織的な教育課程を示す新しいカリキュラムツリーが 2022 年 3 月に取りまとめられた。

　このように学科教育における制限と機会，挫折と期待が交錯する場面が時折見受けられるウィズコロナの状況のなかで開設 7 年目を迎える公共政策学科の学生・教員は，コロナ禍の影響で半分以上の時間が断続的になるしかなかった高校時代をほぼ独力で乗り越えてきた多くの新入生を学修の仲間として迎え入れ，地方消滅の脅威に立ち向かう有効な戦略基地として期待される地方大学を舞台に，公共政策学教育の「陣形」を構築することになる。

　その際，公共性の価値認識を基に，物理現実と情報現実にまたがる教育現場の

---

29)　公共の問題解決のための大規模プロジェクトが人類，さらには地球上の生命体に及ぼす波及効果に着目した「ミッション経済」（Mazzucato 2021）の考え方が，新型コロナウイルス感染症に対する世界初の mRNA ワクチンを 9 か月で開発したファイザーの「ムーンショット」の取組（Bourla 2022）で実現されたことはその先進的な一例である。

柔軟かつ迅速な活用を可能にしながら，学修目標別の類型化を目論んだ科目の再配置を通してナラティブ化した学修を実現することで，内的には学修者の学修経験についての否定的な認識を払拭し，外的には地方大学の直面する社会通念を破る実践的・経験的・主体的・実直的な学問としての公共政策学の「戦闘力」が最大限に発揮できるようにすることが肝要であることを忘れてはならない。

【引用・参考文献】

青山公三（2013）.「公共政策学の新しい実践教育手法——地域課題解決型実践教育プログラム「キャップストーン」の試み」『京都府立大学学術報告（公共政策）』*5*: 73-82.

井上雅裕（2020）.「大規模なPBLと反転授業のオンライン化，そして今後の展開」（第23回4月からの大学等遠隔授業に関する取組状況共有サイバーシンポジウム～遠隔・対面ハイブリッド講義に向けての取り組み資料）〈https://www.nii.ac.jp/event/upload/20201225-07_Inoue.pdf（最終確認日：2022年7月8日）〉

河井紗央里（2018）.「公共政策学教育におけるプロジェクト・ベースド・ラーニングの意義——5大学の政策系学部の公開情報をもとに」『同志社政策科学研究』*20*: 131-145.

公共政策教育の基準に関する検討研究会（2015）.「学士課程教育における公共政策学分野の参照基準」日本公共政策学会〈http://ppsa.jp/_src/150/8aw8em89db92f68bb388e782c982a882af82e98cf68ba490ad8df48aw95aa96ec82cc8eq8fc68aee8f80v7_20151017.pdf（最終確認日：2022年7月8日）〉

中央教育審議会（2008）.「学士課程教育の構築に向けて（答申）」〈https://www.mext.go.jp/b_menu/shingi/chukyo/chukyo0/toushin/1217067.htm（最終確認日：2022年7月8日）〉

中央教育審議会大学分科会（2020）.「教学マネジメント指針」〈https://www.mext.go.jp/content/20200206-mxt_daigakuc03-000004749_001r.pdf（最終確認日：2022年7月8日）〉

新川達郎（2015）.「「公共政策教育の基準」に関する検討とその課題」『公共政策研究』*15*: 64-77.

文部科学省総合教育政策局調査企画課（2021）.「令和3年度学校基本調査（確定値）の公表について」〈https://www.mext.go.jp/content/20211222-mxt_chousa01-000019664-1.pdf（最終確認日：2022年7月8日）〉

Bourla, A.（2022）. *Moonshot: Inside Pfizer's nine-month race to make the impossible possible*. Harper Business.

Dupré, L.（1993）. The common good and the open society. *The Review of Politics, 55*（4）: 687-712.

Elkin, S. L., & Soltan, K. E.（eds.）（1999）. *Citizen competence and democratic institutions*. Pennsylvania State University Press.

Habermas, J.（1989）. *The structural transformation of the public sphere: An inquiry into a category of bourgeois society*. Polity.

Mazzucato, M.（2021）. *Mission economy: A moonshot guide to changing capitalism*. Penguin.

Porter, M. E.（2006）. Strategy and society: The link between competitive advantage and corporate social responsibility. *Harvard Business Review, 84*（12）: 78-92.

Strauss, A. L., & Corbin, J. M.（eds.）（1997）. *Grounded theory in practice*. Sage Publications, Inc.

第6章

コロナ禍における学生主体による地域実習活動

佐世保市街地での「まち歩き」調査を事例として

石田　聖

1 はじめに

　長崎県立大学地域創造学部公共政策学科では，3回生が「公共政策実習」という実践的な地域調査・地域貢献活動を行っている。このうち，本章は 2020 〜 2021 年度の活動報告の一部であるが，新型コロナウイルス感染症（以下，新型コロナ）の感染拡大にともないあらゆる場面でこれまでとは違った環境下において地域での調査やオンラインを用いた学習活動が必要となった。周知のように，学生の安全に配慮し，大学や自治体等で定められたルールのなかで，制限された環境下で，どのように学修を進めていけばよいのか教員・学生ともに試行錯誤しながら行ってきた。コロナ禍において，当初の予定からの大幅な変更，突然の活動中止を迫られる場面に多く見舞われてきた。そのようななかで，本章は学生による地域実習の報告だけではなく，新型コロナのパンデミックという特殊な状況において，大学と地域との学びをいかに切り結ぶかという点で多くの学びと教訓を得たと考えられる。その意味で，本章は「ピンチをチャンスに」という視点で考えると，今後のウィズコロナの時代における地域と連携した実践的教育において貴重な報告になると考えている。

2 概　　要

　本章は 2020 年 11 月から 2021 年 10 月中旬にわたって実施した長崎県佐世保市の中心市街地での地域実習の報告である。長崎県立大学地域創造学部・公共政策学科における「公共政策実習」（以下，実習）は，新型コロナ以前も学生主体による活動が取り組まれてきた。実習におけるフィールドワークには，いくつかの実践例がある。例えば，2019 年度以降，世界遺産「長崎と天草地方の潜伏キリシタン関連資

産」の構成資産「平戸の聖地と集落」が所在する平戸市春日集落において，「春日集落の持続的な維持・発展に係る課題の発見」をテーマに，学生主体での文化的景観継承のための集落調査，日常景観調査を実施し，住民や観光客に向けて景観継承の視点を提起する散策地図を作成した。

　しかし，2019年末からの新型コロナの感染拡大により，野外でのフィールドワークを行う実践的教育は大幅な見直しを迫られた。ウィズコロナという「見えない不安」との共存が求められるなかで，学生の安全を確保しつつも，いかにしてフィールドワーク実習を実施すべきか，あるいは，実際にどのように実施したかといった諸点に関する報告が必要であろう。公共政策学科では，独自の実践的教育プログラムとして，1か月以上に及ぶ「公共機関インターンシップ」または「公共政策実習」いずれかを学部3年次学生が履修することになっている。当該実習は地域を多角的に分析する手法を習得し，地域社会の現状と理論的背景から地域の課題を考察し，解決する力を身に付け，実践的な学びの体験を通して，地域社会の課題解決に対する責任感を育むことを狙いとしている。しかし，新型コロナ流行とそれに伴う生活様式の変容のなかで，従来の方法での地域実習は困難となった。例えば，対面での指導やグループディスカッション，大人数が集まってのイベント開催などが挙げられる。

　ウィズコロナ時代においては，感染対策と質の高い教育効果の追求とを両立させた新たな地域密着型の教育を構築し，それを実践していくことが重要となる。本章では，コロナ禍において，公共政策学科・石田ゼミ，及び公共政策実習の履修学生を中心にウィズコロナにおいてオンラインツールも併用して実施した佐世保市街地での「まち歩き」を通じた地域実習に焦点を当てる。本実習に際して行った事前学習指導や対応，オンラインツールの活用法について紹介することで，ウィズコロナ時代における地域密着型の実践的教育の成果と課題について，今後の参考資料となる記録を残すことを目的としたい。

3 「まち歩き」を通じた地域調査実習

1 「まち歩き」とは

　近年，コミュニティ・ツーリズムの一形態として「まち歩き」が地域活性化に活用されている。「まち歩き」は，単なる散歩（ウォーキング）や日常生活のなかでの徒歩行動ではなく，「まちをぶらぶら歩きながら，自分で街を見たり感じたりして楽

しむこと」と定義される（海野 2013）。例えば，2006 年に長崎市で開催された「長崎さるく博」は，「まち歩き」を通じた観光活性化の先駆的な事例といえる。実際に，「長崎さるく博」で「まち歩き」を観光客集客手法として手掛けた茶谷（2012：108）は，「まち歩きは，そこに住んでいる人びとの暮らしぶりを，そのまちに反映されている地域の歴史を，直接体験すること」としている。2008 年以降断続的に放送されている NHK の番組『ブラタモリ』も，「まち歩き」を通じて，その土地の歴史や地理だけではなく，地質，風俗，文化等に着目した番組構成や個性豊かな案内人の着眼点などが注目され，「まち歩き」に対する一般の注目度を高めている。

　また近年，自治体単位で独自の「まち歩き」コースを設定し，地図をもとにガイドが案内するといった実施例も増えている。佐世保市においても「佐世保市オープンデータ」において，地域住民や大学生が作成した「まち歩き」（ウォーキング）マップコースとして市内 27 カ所のコースが公開されている。海野（2013）は，「長崎さるく」の事例を取り上げ，地域愛着を「人と地域を結ぶ情緒的な絆」と定義したうえで，「まち歩き」への参加が，地域愛着情勢に影響を与え，まちに対する意識を高め，地域への積極的な関与につながっていくと指摘している。つまり，「まち歩き」は，地域の価値や資源を発見，共有しようとする「価値共有」の営みと捉えることができ，長く住んでいる人にとっても，新たに住み始めた新住民にとっても，また観光客のように一時的な来訪者にとっても，その土地の人や歴史・自然や街並みを体感するものであり，対象となる地域に対してある種の感情をもつことができる営為であるといえよう。

2　熟議の実践としての「まち歩き」

　都市計画分野では，「まち歩き」をローカルな文脈における課題発見の熟議（deliberation）の実践としてとらえる研究もある（松浦ほか 2012）。熟議の過程には，ハーバマスが掲げるようなコーヒーハウス，カフェでの対話も含まれ，多様な手法が想起される（Habermas 1991）。近年，特定のステークホルダー（利害関係者）に限定されず，不特定多数の人々が集まり，自らの選好・関心が変容する余地を残しながら，自由に発言し，対話を通じて新たな価値観の創出や社会課題の解決策を模索するプロセスが増えており，一部研究者の間で「デモクラティック・イノベーション」とも呼ばれている（Hendriks 2019）。本章で扱う事例は，「デモクラティック・イノベーション」と表現するといささか大げさかもしれないが，「まち歩き」をする時間や，その後の振り返りにおける話し合いの機会は，こうした熟議の

実践ともなりうる。

　公共政策学科・石田研究室及び公共政策実習の参加学生は，佐世保市役所，商工会議所，万津町自治会など地元関係者の協力を得ながら，まちづくりにおける市民の参加や住民同士の話し合い（対話）の意義，「まち歩き」を通じた地域の魅力，潜在的な地域資源や課題の発掘について考える機会を設けてきた。大学から市街地までは，地元公共交通の西肥バスや松浦鉄道（MR）の公共交通で片道 30 分ほど離れているが，地元大学として長崎県立大学も多様な知見を活かして学生がまちにかかわっている。以下，佐世保市街地における「まち歩き」を通じた学生の学びに焦点を当てる。

4　佐世保市街地での「まち歩き」の実践

1　2020 年度：ウィズ／アフターコロナ社会における社会実験イベントでの「まち歩き」

　近年の少子高齢化，人口減少，郊外型開発などの影響を受け，佐世保の中心市街地にある商店街の買い物客は減少している。こうした課題に対応し，街中の賑わいを維持，向上させるために 2014 年 10 月「まち元気計画」が策定され，市街地の利便性や回遊性の向上を図り，街中の賑わい創出を目的に，佐世保市役所や佐世保商工会議所，地元商店街の経営者や地元企業が連携し，「まちなかスタンプラリー」「米海軍とのコラボレーション」「大学連携まちづくり」などが取り組まれてきた（尾場 2018）。

　新型コロナ感染拡大以降の 2020 年 11 月 14 日に，九州周遊観光活性化コンソーシアム（代表機関：トラストパーク株式会社），地元商店街の経営者から構成される SASEBO まち元気向上委員会が，三ヶ町商店街の近くに駐車したキャンピングカーで寝泊まりしながら，周辺で買い物や飲食を楽しむ実証実験「SASEBO まちなかスタンプラリー＆キャンピングカー体験」が開催された。なおオープニングイベントにおける開催地の松浦公園における空間演出のアイデア提案について，若い大学生の意見も欲しいということで石田研究室 2・3 年生を中心に開催前 2 週間ほどかけてブレーンストーミングを実施した。イベント当日は，石田研究室に加え，長崎国際大学の尾場均准教授の担当科目「地域連携活動」履修生とも合同での活動となった。長崎国際大学が主催する佐世保中心市街地を対象に 99 カ所のチェックポイントを用意した「GPS スタンプラリー」の検証へも協力する形で，「まち歩き」

を実施した。

　経緯説明をすると，当初，市街地三ヶ町商店街沿い松浦町にある松浦公園は，市民の憩いの場として親しまれてきた。日中はベンチで将棋を指す地元の高齢者も多く，春と秋には植木市でにぎわうなど各種イベントが実施されてきた公園である。2018年，佐世保市における「国際クルーズ拠点形成事業」の実施に伴い，当初，佐世保港に年間100万人の観光客の訪問を見込んでいた。この事業は港湾施設整備だけにとどまらず，経済波及効果を高めるために，クルーズ船観光客のうち一定数を中心市街地への周遊に呼び込むことを目指していた。そして，市街地から距離を隔てた国際クルーズ船拠点の佐世保港浦頭埠頭（佐世保クルーズセンター）への往来にはバス等の交通アクセスの確保が不可欠であるとして，中心市街地の都市公園である松浦公園において，将来の国際クルーズ船観光客受入を見据えた大型バス10台程度の駐停車場の整備が行われ，以前は芝生だった公園内エリアも駐車場化に伴いアスファルト化された。

　しかし，公園内駐車場が整備されたものの，コロナ禍で当初大型バスを利用するはずの訪日客の激減，地域イベントの中止などに直面した。こうした状況のなか，ソーシャルディスタンスなどの新しい生活様式に対応した「観光×街おこしコンテンツ」の創造を目的とする社会実験の一環が「SASEBO まちなかスタンプラリー＆キャンピングカー体験」である。低利用となった松浦公園内の公共空間を利活用することで，キャンピングカー泊（「車泊（くるまはく）」）を可能にして，周囲の飲食店や松浦公園近隣の外国人バーなど佐世保市街地ならではの体験ができる店舗等への案内をするとともに，商店街沿い公園を活用し，新たな過ごし方や観光のあり方を模索した試みとなった。

　学生らは空間演出のアイデアを出し，開催当日は実際に松浦公園内駐車場を自由に利用してもらいつつ周辺の「まち歩き」を実施した。空間演出に関しては，2020年9月に筆者が訪問した岡山県倉敷市水島地区で開催された「水島パーキングデイ」が参考となった。「パーキングデイ」は，米国サンフランシスコで始まった取組である。道路脇のパーキングメーター付き駐車スペースに人工芝を敷いたり，ベンチや観葉植物を置いたりして，街中に1日限りの「公園」を出現させる。この運動は広がりをみせ，毎年9月の第三金曜日に「世界パーキングデイ」として世界各地の駐車場や空き地などの遊休地で開催されている。世界各地で都市化が進み，街中でくつろげるスペースが減少傾向にあるなか，中心市街地からは緑が失われ，無機質な景観が広がる。パーキングデイは，こうした流れに逆行し，市街地の中心部，

松浦公園で11月14日（土）にやってみたいこと by 県大学生

音楽・スポーツ系	インスタ映える系	体験系	飲食系
Jazz Band生演奏	キャンプファイヤー	屋外映画観賞用 プロジェクター	佐世保バーガー
屋外フェス DJ／クラブ音楽	灯篭・ランタン飾り	ドローン操縦体験	地元の日本酒
カラオケ （歌自慢大会）	糸島のようなフラワーウォー ル（フォト）スポット	屋外e-sports大会 （スマブラ、マリオ カート等）	世知原茶
ミニ野球教室	カップルで写真とれるウェ ディングキャンペーンコー ナー	VR体験コーナー	ラムネ早飲み大会 魚つかみどり大会
スラックライン	キャンピングカーを花束＆ ライトアップで埋め尽くし てインスタ映え	マンガが全巻読める コーナー	99島牡蠣詰め放題 （昔佐世保港で経験）
出張ボルダリング	トリックアート展	マッサージチェア	九十九島せんぺいアレン ジ選手権
3人サッカー大会	プロジェクション マッピング	**駐車場の白線活用系**	佐世保特産品市
何かギネス記録に 挑戦する	コタツ（夜寒いので）	巨大あみだくじ大会（つなぎ目をおしゃれにして、景品つける）	
	バルーン遊具	パターゴルフ選手権（列ごとで難易度、パターを変える）	

図 6-1　松浦公園活用に向けたブレーンストーミング

出所：石田ゼミ 3 年生が作成（2020 年 10 月 22 日実施）

しかも駐車場を合法的に活用し，人々が憩いの場として滞在できる公園のような
オープンスペースを生み出す実験的な試みである。

　公園内の空間演出について，学生からは，「インスタ映えスポットがあるとよい」
「駐車場の白線を用いたゲーム企画」「人工芝を敷いて漫画が読めるスペースを作
る」「佐世保と言えば Jazz バンドの演奏」など様々なアイデアが出された。

　実際に，公園内イベントでは，商工会議所などの協力を得ながら，大学生からの
アイデアも参考に，空間演出を可能にするものも参加者で持ち寄った。例えば，写

図 6-2　松浦公園を活用した実証実験オープニングイベント（左は日中，右が夜間）

出所：筆者撮影（2020 年 11 月 14 日）

真映えする装飾されたワーゲンバスを用いた演出の実現（佐世保出身関係者による協力）に加え，気温が低くなる夜間は公園内にコタツを持ちこみ，周辺をライトアップさせて，飲食や雑談を楽しむなど，これまでにはなかった公園の使い方を試すことができた。他方，公園内はスケートボード，火を使うもの，ドローン飛行等ができないなど市役所と確認作業をするなかで公園内の規制について学生が学ぶ機会にもなった。

　研究室学生は，当日午後から松浦公園に集合し，「まち歩き」をしつつ，周辺を中心に自由に散策してもらった。学生が松浦公園及び周辺の三ヶ町商店街での「まち歩き」を通じて実感した課題は以下の通りである。観察の視点として，「良かった点」「悪い点，課題と感じた点」を中心に整理させている。図 6-3 はその一例である。

　2020 年度の「まち歩き」では，市街地の回遊性を生み出す憩いの空間である公園や街路といった公共空間の散策，そして，学生自身が「公園内の公共空間をどのように使いたいか」を意識させる実践的教育を試行し，学生に気づきを促すプログラムなどを企画・検討した。市街地の回遊性をいかに高めるかについては，佐世保市としても取り組むべき共通の課題である。そのため，中心市街地の公園などオープンスペースを活用したマイクロツーリズムの促進など，今後，地域住民や利用者の

【街路関連】
・障がい者や高齢者など歩行が困難な人も歩きやすい商店街になっている。
・福祉施設や点字ブロックなどは、四ヶ町商店街よりも三ヶ町商店街の方が充実している。
・点字ブロックが経年劣化している箇所もあった。
・行き先表示の案内が少ない。　　　　　　　　　　　など

【店舗関連】
・旬の野菜や果物の直売所など、地産地消に力を入れている印象を持った。
・商店街店舗の出入り口になどでは、段差があるところもあり、バリアフリー化の差を感じた。
・近くに米軍基地があり、外国人が多いので、もう少し外国語表記での案内が商店街にあっても良い。　　　　　　など

【施設関連】
・中央公民館（現まちなかコミュニティセンター）には、英語プログラムをはじめ多国籍な言語教室があった。
・三ヶ町商店街内の施設がきれいで清潔感があった。
・アーケード街が広くて全体的に明るい。
・広告、ポスターが目につきにくいところにあった。
・もっと商店街の中に座れる場所が欲しい。　　　　　など

図 6-3　2020 年度松浦公園周辺まち歩きの内容と記述例
出所「まち歩き」学生意見を基に筆者作成，写真は筆者撮影（2020 年 11 月 14 日）

行動や満足度を調査することによって，観光や商店街消費への波及効果を検証することで，ウィズコロナ時代における遊休スペースや低利用・未活用となっている不動産などの利活用策の検討にもつながる可能性があるといえるだろう。また，企画者の意見に加え，学生の提案がヒントになって実現した空間演出により，近隣住民や家族連れに楽しんでもらった。コロナ禍という制約下ではあったが，学生らにもイベント企画・運営に対するリテラシー向上にも効果があったと思われる。

2　2021 年度：公共政策実習における市街地「まち歩き」調査

　次に，2021 年度の「まち歩き」を紹介する。ここで対象とする実習は，公共政策学科 3 年生が複数のチームを組み，筆者と，同学科で実習科目の統轄を行った川崎修良准教授（当時）を指導協力者として実施した。2021 年度の履修者数は 3 年生 15 名であった。本来，フィールドワークも 2021 年 6 月中旬以降に実施予定であったが，新型コロナ流行に伴い活動が制限されたため，8 月〜 10 月中旬にかけて実施する形となった。しかし，8 〜 10 月の期間中にも緊急事態宣言の発令，自治体または大学からの活動自粛要請があり，オンラインベースでの調査など，何らかの代替措置を検討する必要性が 2020 年度以上に高まった。

　事前指導として，まず 2021 年 6 月上旬に教員と学生が円滑にコミュニケーションをするため学習管理アプリ Google Classroom を活用し，佐世保市街地についての事前勉強会として，関連資料やウェブ情報に関する情報共有を図った。また，主に振り返りや情報共有を目的に，Zoom でのオンライン会議を 6 月以降 1 〜 2 週間に 1 度のペースで実施した。さまざまなオンラインツールがあるなかで，Google Classroom と Zoom を選択した理由は，長崎県立大学の学生・教職員用メールアカウントが，Google が提供する無料メールサービス Gmail と一括提携しているため，長崎県立大学学生であればセキュリティが確保されていることに加え，新型コロナ感染拡大以降のオンライン型・オンデマンド型の講義や演習で，履修生がツールの利用に慣れていたことがある。

　オンライン上では，教員から現地調査やオンライン会議の日程や内容，事前学習資料等についての説明を行った。また，オンライン会議では，「まち歩き」調査後のデータ収集や気になった場所のマッピング作業，学生らがより深く調査していきたいテーマの絞り込みに関しては，オンラインツールの Padlet を用いた。Padlet はオンライン上で，「ボード」と呼ばれる一つの画面に複数人が文字を入力したり，写真を貼り付けたり，YouTube など動画サイトやウェブサイトの URL を貼り付

図 6-4　オンラインツールを用いた「まち歩き」共有化の流れ
出所：筆者作成

図 6-5　Padlet を用いた佐世保市街地の「まち歩き」マッピング
出所：Google マップ及び Padlet を用い学生が作成（2021 年 7 月 26 日）

けたりできるツールである（有料版もあるが無料版でも 5 つのボードを作成可能）。
実際に，オンライン会議では，複数あるボードの中でも地図上に情報を入力する
「マップ」機能などを多用して，「まち歩き」や地域住民らへのインタビュー調査後
に市街地の気になった箇所について，学生自身がコンテンツ（写真，インタビュー

記録等）を追加し，短時間で一覧性の高い記録を作成することができた。

　2021年度の「まち歩き」は，2021年6月〜10月16日の日程で行われ，佐世保市街地のアーケード商店街，近年，若者に人気のカフェや雑貨，アクセサリー店などが増えている万津6区を中心に実施した。基本的に，万津6区近隣の新港フェリーターミナル，アーケード商店街沿いの島瀬公園，くっけん広場などを集合地点に，「まち歩き」をしつつ土地利用の状況や聞き取り調査などを行った。なお，教員が調査に同行する場合もあったが，フィールドワークの際には，新型コロナ対策として以下のような対応を行った。まず，学生全員マスク着用のうえで「まち歩き」を指示した。加えて，屋外や換気のよいところでの調査を推奨し，社会的距離を確保し密を避けるため1チーム最大3〜4名ほどで活動を行った。とくに，市街地での聞き取り調査の際には，対象者と距離を保って話をするなどソーシャルディスタンスの確保に努めた。また，LINEやGoogle Classroomの機能を用いて市内の感染症レベルを通知し，事前に市内の感染状況を確認したうえで，感染拡大傾向にある場合，あるいは天候不順の際には，調査を中止する等の対応を行った。加えて，8月中のお盆前までは市街地の気温が高く熱中症の懸念があったため，開始時間を気温が涼しくなる16:00以降から2〜3時間程度「まち歩き」を実施した。以上のように，新型コロナ対策を講じたうえで，実施スケジュールこそ制限されたものの「まち歩き」自体は問題なく実施することができた。

　序盤は佐世保市出身の教員である筆者が，中心市街地（主にアーケード商店街），万津6区，五番街，戸尾商店街から対象地域を選定したが，回を追うごとに学生らに判断を委ねるように心がけた。対象地域を選定後，実際に「まち歩き」を行う。「まち歩き」の際にはLINEで全体の連絡を測りながら，進捗管理を行った。1回につき2〜3時間程度の「まち歩き」を実施し，「まち歩き」終了後は一人ずつ印象に残った点，評価したポイントについて振り返りを行い解散し，その後，オンライン会議でマッピング作業や写真データ等の入力を行う作業を繰り返した。現地で記録・評価した情報や写真をオンラインで読み込みやすいように，オンライン会議前はGoogle Classroomを通じて，スマホ一つでも参加・入力しやすいよう，毎回の「まち歩き」で収集した写真等の記録を活用できるように指導した。ここで評価する時のポイントとして，「正解や不正解はないので，自分なりに考えること」「自分自身がどう感じたのか，直感を大事にすること」「公共政策学科として，未活用の土地などについて，その管理や規制がどうなっているかを考えてみること」などを共有した。

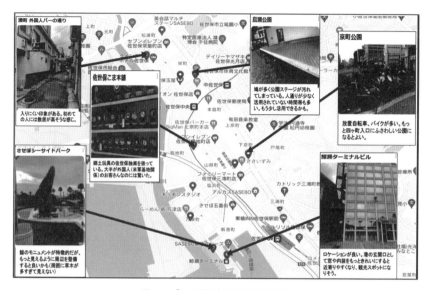

図6-6　「まち歩き」後の振り返り例
出所：Google マイマップを用いて作成（2021 年 10 月 16 日）

3　「まち歩き」後の学生の意識変化

　本章で紹介した「まち歩き」は，大学生という若い世代の地域理解に，実際に有効な手立てとなっているのだろうか。学生らにとっても佐世保市街地を歩いて観察・評価するという行為は，こうした機会がないと普段なかなか行わない。参加学生は半数以上が県外出身であるが，参加学生15名のうち3名が佐世保市出身者であった。実際に，佐世保市出身の学生で高校・大学と合わせて20年近くこの街に住み続けている中で，「普段見慣れ過ぎていて当たり前だと思っていた街並みの意味や歴史的な背景について考えるようになった」という意見もあった。ここでは，「まち歩き」後の学生らの地域意識の変化を把握するために，オンライン上でのフォーカスグループを用いたインタビュー調査を行った。

　「まち歩き」への参加を通して得られたことについて聞いたところ，「佐世保市内の地域の歴史や文化に対する理解が深まった」「港湾エリアや公園などインフラの老朽化，未活用の空間，空き家の増加など地域の課題を発見することができた」などの意見がみられ，地域に対しての気づきを得ることができた。また，普段はアルバイトや買い物といった目的でしか訪れない佐世保の市街地だが，「まち歩き」後に

108

108

◆「まち歩き」を経験しての意識の変化
・佐世保市内の歴史や文化に対する理解が深まった。
・市街地でアルバイトをしているが，少し早い時間に出てまちを観察する時間が増えた。
・自身が佐世保出身で，これまでは五番街モールまでしか足を運んでいなかったが，万津6区のお店を調べてみるなど，買い物，消費する範囲も変化したように思う。
・今まではまっすぐ歩くだけだったが「違うところに行ってみよう」と思うなど，歩き方やまちに対する目線が変わってきた。
・以前より夜間に市街地で活動する路上アーティストやパフォーマーに注目するようになった。有休スペースでこうした人々をもっと活躍させられないかなど，人が集まる「場」を意識するようになった。
・港湾や公園などのインフラ老朽化，未活用の空間，空き家増加などの地域課題を発見できた。

◆コロナ災いでの「まち歩き」実習で感じた課題
・現地に行けないことが多いなかで，現地の情報や住民からの話をどう引き出すかに悩んだ。
・コロナ禍で現地でのコミュニケーションがネックだと感じた。
・やはり対面で顔を合わせて話をしないと，相手の表情や気持ちのこめ方がわかりにくい。
・オンラインでも限界がある。マスクで表情が隠れているので，直接人と身振り手振りを含めて顔を合わせることの重要性を学んだ。

◆オンラインでの活動について
・対面，現地で得られる情報の重要性も学べたが，オンライン活用で現地に行かなくても得られる情報がこれほど多いのかとも感じた。
・Googleストリートビュー機能の活用などオンラインで代替できる部分が多いことも発見した。
・活動制限時はネット情報に頼らざるを得なかったが，ローカル情報はネットでも掲載されていないことが多いので，それが正確な情報であるのか，現地情報とネット情報を並行して，正しい情報を判断したり，情報の取捨選択が以前よりもできるようになった気がする。
・ネットで昔の佐世保の画像や動画を検索して比較することで，街中の変化を知ることができた。1960年代の古い動画を発見したが，その頃から今でも残っている店舗もあった。佐世保はよく「歴史がない，歴史が浅い」といわれるが，意外に古い店舗など歴史がある場所も多いことを発見し，佐世保の魅力を改めて発見することにつながった。

図6-7 「まち歩き」を通じた学生の意識変化
出所：学生へのヒアリングに基づき筆者作成

意識が変わった点として，「アルバイトの行き帰りの際に，まちの景観や人の流れに注目するようになった」「街中を訪れる際に，毎回，違う道を歩くようになった」「公園や活用されていない空きスペースの管理や規制がどのようになっているのか気にするようになった」「自分の出身自治体と街並みを比較するようになった」などがあり，日常の生活圏にある施設や場所，景観，空間管理などにあまり目を向けていなかった学生が「まち歩き」を通じて，これまでと違う視点から佐世保の街を捉える傾向がみられた。

全体を通して，学んだこととして，これまで気が付かなかった市街地の特徴，地域の魅力などを知ることができる意義が確認できた。「まち歩き」を複数回にわ

たって経験した学生は，地域への関心の高まりや意識の変化がみられ，「まち歩き」を通じて街中で人々が集まる「場」や自分の出身地域への関心も確認できた。

5 コロナ禍での実習の困難と今後の可能性

1　オンラインツールの活用と可能性

　2020年度と2021年度は新型コロナ感染拡大の影響により，短い期間と多くの制約のなかで佐世保のまちを歩き，自分たちの目線で街の魅力や課題を発見していった。改めてコロナ禍での学生らとの活動を振り返っておく。最大の課題は，学生の活動にあらゆる場面で制約がかかったことであった。本来であれば，参加学生全員が市街地で地元の高齢者の方々に市街地の歴史や思い出について対面で話を聞き，交流する機会も予定していたが，それらも中止の判断をせざるをえなかった。他方，オンラインでのヒアリング調査も普段 Zoom などのオンラインツールを利用しない高齢者や店舗関係者など住民を対象に行うにはなかなか機会が確保できず，文献調査のみで活動を行うことは容易ではなかった。

　コロナ禍における地域実習での留意点として，第一に，参加学生間での連絡手段の問題がある。活動期間中，全体にかかわる連絡は Google Classroom のストリーム機能を用いて頻繁に実施した。実際の市街地での調査の際には，Google Classroom アプリをスマートフォンに導入していない，または授業以外で普段用いない学生もいたことから，LINE のグループ機能を使った連絡が有効性を発揮した。コロナ禍で，学生間での対面でのミーティングや打ち合わせが制限されるなかで，「まち歩き」調査を行う場合，参加者全員をつなぐ利便性の高いコミュニケーション手段の共有が重要である。今後は，地域で調査実習を行う教員同士のグループ形成を行い，ノウハウを共有するなども必要であろう。

　第二に，（例年以上の）事前準備の重要性である。通常，長崎県立大学では，佐世保校，シーボルト校で配当年次は異なるものの，全学生必修科目として，離島でのフィールドワーク計画を学生自ら作成し，毎年8～9月に1週間程度の離島で現地調査を行い，離島の活性化策などの提案を行う「長崎のしまに学ぶ」（しまなびプログラム）がある。しかし，2019年度，2020年度とコロナ禍の影響で現地での調査活動やインタビューなど問題解決型学習（PBL）の機会が得られず，地域に入っての現地調査自体が初めての学生も多かった。そこで学外の協力者からも様々な知見を得つつ，「まち歩き」中で住民などにヒアリングを行う際のインタビュートレーニン

グを複数回にわたって実施した。Zoom や Google Classroom を用いてオンライン形式でのコミュニケーションを図ったが，学生間でオンラインツールの利用頻度やインタビュースキルの習熟に差があり，コロナ禍で学生ができること，できないことの線引きがみえにくく調整コストも想像以上に負担となった。また，オンライン上でのコミュニケーションが難しかった要因として，初対面同士のメンバーもいたこと，教員にとっても日常的にやりとりが多い研究室所属の学生ではなかった点もある。

2021 年 4 月から実習開始予定であったが，緊急事態宣言により大学に行けなかったため，互いにコミュニケーションを図る機会が著しく減少した点は大きい。教員が主導するオンライン会議以外での打ち合わせ，感染対策を講じたうえでの現地調査など，学生らの振り返りのなかでも特定の学生のみが発言することや，一部の学生がリードする状況が生じ，チームのまとめ役や役割分担に関する話し合いが十分にできなかった場面も生じた。コロナ禍で対面でのコミュニケーションが難しいことは想定していたつもりだったが，学生の人数も当初想定した人数よりも多く，オンライン会議含め学生全員のスケジュールが合う日程や時間帯の調整が十分できない場面もあったことは反省点であった。

以上のような点に鑑みると，事前準備段階において，地域実習に参加する学生のインタビュースキルやオンラインツールの習熟度を把握し，学生の状況に応じたグループ編成や事前学習資料の開発が肝要となる。また，コロナ禍以前の地域における実践科目で時折見られた課題であるが，本学は佐世保市外・県外出身者も多いため，とくに「まち歩き」調査のように，その土地を丹念に観察する場合，頻繁に市街地を訪れる機会がない学生に対し，市街地周辺の地名など地理情報に関してもあらかじめある程度の事前情報の提供が必要となる。

上記のように課題も多かった一方，コロナ禍でも学生主体の活動は創意工夫と学外からのサポート次第で十分に可能であることを実感できた。例えば，コロナ禍では大人数で集合することが困難であるため，小人数や個人で個々の作業を進めることが必要となる。この際，「まち歩き」の対象を佐世保市街地に位置する「アーケード商店街」「戸尾町商店街」「五番街」「万津 6 区」などエリアごとに作業を分け，役割分担をしていけば，効率的に作業をすることは可能であった。新型コロナの感染拡大により，大勢の学生が一つの場所に集まって作業・交流することは困難になった一方で，Padlet 等のオンラインツールを用いたリモート作業により，実際に自分たちが歩いた地域だけではなく，他の学生グループが歩いたエリアを同時に把握で

きるようになった。

　また，学生らの進捗管理のために，教員だけではなく地域の協力者からも要望やニーズを提示してもらい学生の（オンライン上での）アウトプットが一定程度"学外の目"からチェックされている環境づくりを工夫した。例えば，文献調査や実際の「まち歩き」後のオンラインでの振り返り，ディスカッションの様子を Zoom の機能で録画し，後日，YouTube で学生のやりとりや発言メモ等を限定公開で，地域の協力者や教員で共有し，レビューしてもらうことで，学生らも適度な緊張感をもって取り組むことができた。ここで重要な点として，オンラインツールの活用など，自主的な調査を余儀なくされる学生活動の進捗状況の把握，スケジュールの調整・監理が，通常の教育プログラム以上に必要となる。

　コロナ禍だからという理由で，すべてをネガティブに捉える必要はなく，代替的な手法でできることを模索する姿勢も重要であると実感した。ある学生は，Google Map のストリートビュー機能を用いて，「まち歩き」をバーチャルで代替していた。そのなかでの気づきとして当初，佐世保中心市街地のアーケード街の様子などストリートビューで把握できないかと思っていたが，実際に使ってみると（最新情報ではないが）アーケード内店舗等の様子が確認できるなど，オンライン環境下で新たな発見もできた。新型コロナという誰も経験したことのなかったパンデミックのなかで，オンラインツールを用いた客観的なデータや画像の活用，参加学生のインプット及びアウトプットの蓄積は，今後の若者とまちのかかわり方を探っていくうえで学ぶべきことも多いと感じた。

2　今後に向けた課題

　本実習を通じて，佐世保市街地の潜在的な資源や課題を発掘することを目的に活動してきたが，コロナ禍で多くの予定が変更を余儀なくされ，現時点で，その効果や課題を評価することは難しい（本章執筆段階では，成果報告会や事後評価は行えていない）。しかし，学生らが「まち歩き」を一定程度行うことができたため，佐世保市を知ってもらえるきっかけを作ることはできた。また，何より学生が実習を通じて，市街地限定ではあるものの，一種の関係人口といえる存在になったともいえる。

　「まち歩き」を実施した学生の多くが佐世保出身ではなく，市街地にはアルバイトや買い物以外などの用事を除けば，あまり馴染みが多くない学生ばかりであったが，佐世保の歴史や文化，観光，店舗や公共インフラについて各自が様々な方面から魅

力や課題を発見し，それを外部に発信しようと活動している。例えば，参加学生の一人はオンラインでの活動で用いたPadletを用いて，佐世保市街地の年表や特定のテーマを取り上げた写真パンフレット作成を行っている。また，別の学生は，「まち歩き」への参加をきっかけに佐世保市外の商店街とSDGs関連の取組について卒業論文として取り上げてみたいなどの関心の獲得にもつながっている。結果的には，（市外・県外から移り住んできた）学生目線から捉えた佐世保市の発信の機会を高めることができると考えている。

　今回，地域の協力を得ながら「まち歩き」を実施したことで，教員だけでは提供できない知識や機会を与えることが可能となった。アルバイトや買い物などでの移動以外で普段，市街地とのつながりが薄い学生らが，普段話せない人へインタビューを通じて話を聞き，自分ひとりでは行けなかった場所を訪問することで，学習者にとって新たな発見につながった。無論，コロナ禍でのオンラインと現地調査を併用した「まち歩き」は，多くの課題を残したが，アプローチ次第では大学生にも楽しく「まち歩き」をしてもらい，地域の歴史や文化に触れてもらえる可能性があることはわかった。「まち歩き」の反応から，若者が足を伸ばしたくなるような市街地のあり方について考えるヒントとなった。関係人口増加の観点から見ても，佐世保を知ってもらうだけではなく，来てもらいたくなる，魅力的に感じてもらうための仕組みづくりが必要となるだろう。

　今後の課題として，市街地を訪れる人々の目的や交流の場などに関する定量的な評価が必要である。学生との現地調査及びオンライン調査を通じ，定性的に空間利活用状況や課題を把握できたが，地域住民や実際の利用者からの反応をアンケート等で定量的に把握する必要がある。より客観的な評価を行うために，市街地の各スペースにおける利用者の行動記録の収集等を検討したい。新型コロナの感染拡大状況も見つつ，よりテーマを絞った形での実践も予定しており，大学生による地域の潜在的な価値・資源を共有する教育プログラムとして汎用性を高めていきたい。

6　後　記

　都市計画家のアレグザンダー（Alexander, C.）は，『パタン・ランゲージ』（原著1977年，邦訳1984年）のなかで，まちやコミュニティ，建物，構造，施工・インテリアといった観点から人々が"心地よい"と感じる253のパターンを抽出している。そのなかには「座れる階段」「小さな人だまり」「半分隠された庭」など様々な

パターンが例示されている。また，米国の社会学者オルデンバーグは著書『サード
プレイス』（オルデンバーグ 2013）のなかで，カフェや居酒屋など人々が交流でき
るスペースについて論じているが，こうした心地よさ，つまり，「ここへ行きたい」
「ここで時間を過ごしたい」と思えるような場所や風景の存在は，まちへの愛着と大
きくつながってくる。そこで過ごすことになる人たちがコミュニティに対する愛着
をもてるようになることが重要である。

　日本の多くの地域では，少子高齢化に伴う人口減少，中心市街地の衰退，インフ
ラの老朽化，空き家問題などさまざまな問題が生じている。最近では，公共インフ
ラの効率化，生活の利便性確保のためのコンパクトシティ化を目指す，といった話
もよく耳にする。国土交通省は「「居心地が良く歩きたくなるまちなか」からはじま
る都市の再生」（令和元年 6 月）という報告書のなかで，図 6-8 にあるような"人中
心"の「まちなか」づくりの重要性を示している。

　"人中心"の視点で取り組むためには，まず，そこで実際に困っているのは誰で，
具体的にどう困っているのかといった現場での「観察」が必要である。その解決に
は，どこにでも当てはまるような解決策ではなく，地域の歴史，文化，資源，住民
のアイデンティティに基盤がある地域ごとの個別解が求められる。各地域の個別解

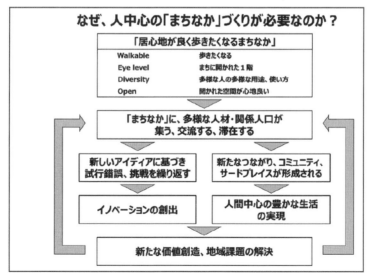

図 6-8　人中心の「まちなか」づくり

出所：国土交通省（2019）

に向けた方向性は，住民が自発的な活動を通じて，すでに取り組んでいるかもしれない。しかし，大学生という生活者，若者世代がまちという場にかかわり，再編する機会が訪れるのであれば，それを行政や専門家だけに任せるのではなく，「住民自身はどうしたいか or どうすべきだと思っているか」を抽象的な言葉だけではなく，具体的なイメージとして提示する試みも大事である（山納 2019）。

最近，米国で生まれた「プレイスメイキング」（直訳すると「居場所づくり」）の概念が注目を集めている。米国ニューヨークの公園再生を手掛ける非営利組織 Project for Public Space（PPS）は，プレイスメイキングとは，「人々自身と人々が共に使う場所とのつながりを強化し，私たちがその場所を一緒に利用する価値を最大化することを目的とした公共的な領域（public realm）を形づくる共同作業の過程を示している。そして質の高い都市デザインを推し進めることにとどまらず，場の創造的な利用形態を生みやすくし，物的・文化的・社会的な独自性に対して特別の関心を払う」と説明している。PPS が提唱する概念は，人々が日常を過ごす空間を改めて想像し，水辺，広場，街路，公共インフラなどの可能性を改めて見返すこと，ある場所と利用者（住民や観光客など）のつながりを強めるプロセスの重要性を物語っている。その意味で，“自分ごと”として，まちの特定の空間を歩き，働き，遊ぶ人々を観察し，その声に耳を傾け，課題を発見する「まち歩き」の実践は，そうしたプロセスの一端を担うポテンシャルをもつ。教育的観点から，より重要なのは，行政や専門家などの「誰かがやる」「やってくれる」という受動的な認識ではなく，学生自身に「自分なら何ができるか」を考えさせる視点であろう。

人間は，まちにとって住民であったり，隣人であったり，観光客などの来訪者でもある。そのなかで「まち歩き」は，自分たちの日常と直接的にかかわっている行為である。「長崎さるく博」「大阪あそ歩」のプロデューサーを務めた茶谷幸治氏は，「まち歩き」の面白さについて，①ライブであること，②自由であること，③つながりがあること，④知的スポーツであること，⑤低費用で実現できること，⑥健康スポーツであること，の6つの側面を指摘しているが（茶谷 2012），同時に，「まちがおもしろそうだ」と気づく人，かかわりたい人をどれくらい増やしていけるかがカギとなるであろう。

本章で紹介した，「まち歩き」を通した学びは，コロナ禍において見出したほんの一部の気づきに過ぎない。ウィズコロナのなかで多くの制約を伴ったものの，将来を担う若い学生らの観察による視点を地域に積極的に還元することで，住民自身が「まちに対するリテラシー」を高め，自分たちの地域がこうありたいというビジョン

を示すことが，地域の自治やまちづくりにつながる可能性を秘めている。

　昨今，大学では「実践的な学び」が叫ばれ，導出された教育方法やその成果は，社会的要請に対応して，即戦力や短期的な成果を性急に求める風潮が広がりつつある。長崎県立大学も例外ではないだろう。しかし，本来の大学教育の役割は，普遍性・長期性・多様性を損なうことなく，持続可能な地域社会の構築に向けて，政策，経済や文化を担う人材や俯瞰力をもってグローカルに活躍できる人材の育成が望まれる。今回得られた蓄積を一過性のものとせず，集めた情報や知見を基礎資料とし，さらにアップデートし，精緻化していくことで，街中での観察を通じて得られる気づきやそこから生まれるブリコラージュ的な解決策が，地域の暮らしや自治の再生のヒントにつながっていくことを願ってやまない。

【謝　辞】
本稿は，公共政策学科石田ゼミ及び公共政策実習の一環として行った活動の報告である。松浦公園での活動にあたり，トラストパーク株式会社の西岡誠様，長崎国際大学の尾場均准教授，「まち歩き」にあたっては，一般社団法人 Re:PortSasebo 代表の中尾大樹様，元長崎新聞記者の古瀬小百合様，万津町自治会，佐世保史談会の皆様をはじめ多くの方々に，ご支援・協力をいただいた。この場を借りて深く謝意を申し上げたい。

【引用・参考文献】
アレグザンダー，A.，イシカワ，S.，& シルバースタイン，M. ／平田翰那［訳］(1984).『パタン・ランゲージ——町・建物・施工』鹿島出版会
海野　碧 (2013).『まち歩きが地域愛着に与える影響に関する研究——長崎さるくを対象として』東京大学大学院工学系研究科都市工学専攻修士論文, 1-6.
尾場　均 (2018).「佐世保市中心市街地活性化イベントの企画運営と回遊行動分析」『長崎国際大学論叢』*18*: 89-99.
オルデンバーグ，R. ／忠平美幸［訳］(2013).『サードプレイス——コミュニティの核になる「とびきり居心地よい場所」』みすず書房
国土交通省 (2019).「「居心地が良く歩きたくなるまちなか」からはじまる都市の再生——「都市の多様性とイノベーションの創出に関する懇談会」提言（概要）」〈https://www.mlit.go.jp/common/001301647.pdf（最終確認日：2022 年 7 月 8 日）〉
佐世保市 (2019)「平成 31 年度 3 月定例議会 平成 31 年度佐世保市施政方針」〈https://www.city.sasebo.lg.jp/mayor/documents/h3103siseihousin2.pdf（最終確認日：2022 年 7 月 21 日）〉
茶谷幸治 (2012).『「まち歩き」をしかける——コミュニティ・ツーリズムの手ほどき』学芸出版社
松浦正浩・渡邉英徳・杉崎和久 (2012)「携帯電話を活用した市民参加型政策課題発見支援システムの開発——うみあるきの実践」『社会技術研究論文集』*9*: 60-69.
矢動丸広 (1989).『佐世保風土記』ほたる書房
山納　洋 (2019).『歩いて読みとく地域デザイン——普通のまちの見方・活かし方』学芸出版社

Habermas, J.（1991）. *The structural transformation of public sphere: An inquiry into a category of bourgeois society.* MIT Press.

Hendriks, F.（2019）. Democratic innovation beyond deliberative reflection: The plebiscitary rebound and the advent of action-oriented democracy. *Democratization, 26*(3): 444–464.

Project for Public Space（n.d.）What is Placemaking?〈https://www.pps.org/article/what-is-placemaking（最終確認日：2022 年 7 月 8 日）〉

第7章

課題解決力を育む振り返る学び¹⁾

竹田英司

1 大学教育と地方大学

1 研究の背景

　日本の大学生は，学習時間が少ないといわれ続けてきた。たとえば文部科学省高等教育局（2020：23）によれば，COVID-19（新型コロナウイルス感染症・2019年12月中国武漢市発症）拡大前，私立大学生の場合，予習・復習・課題など，授業に関する学習時間は1週間あたり5.7時間，授業以外の学習時間は1週間あたり4.9時間であった。

　COVID-19（新型コロナウイルス感染症）拡大の影響を受けて，日本は国難ともいえる状況にあり，従来の対面授業を提供できない大学も多かった。しかし，コロナ禍のオンライン授業を通じて新たな学びが形成されつつある²⁾。コロナ禍の大学教育が中央教育審議会大学分科会（2021a）では検討されている。

　中央教育審議会教育課程部会高等学校部会（2016）では，学生たちが「何ができるようになるか」「何を学ぶか」「どのように学ぶか」という，これからの高等学校教育学習指導要領が検討されている。大学教育で高等学校教育学習指導要領に該当するものが，各大学で定められている，①卒業認定・学位授与の方針（Diploma Policy），②教育課程編成・実施の方針（Curriculum Policy），③入学者受入れの方針（Admission Policy）である³⁾。これら3つの方針のもとに，大学教育でも「何ができるようになるか」「何を学ぶか」「どのように学ぶか」という質的な授業改善

1）本章は，竹田・松本（2022）のうち，竹田執筆箇所に修正加筆したものである。
2）「オンライン授業と対面授業を効果的に組み合わせることで，対面授業においては，従来の教員からの一方向の講義スタイルが消えていき，学生と教員，学生と学生，学生とTAが共に考え，双方向で徹底的にディスカッションするといった学習スタイルが大学教育での日常になることが期待される」（中央教育審議会大学分科会2021a：12）。

が議論され始めている。質的な授業改善について，中央教育審議会大学教育部会（2012）では，学生の思考や表現を引き出しその知性を鍛える双方向の授業を中心とした質の高いものへと学士課程教育の質を転換する必要があると結んでいる[4]。

中央教育審議会大学分科会（2020）では，学生自身が自らの学びを振り返り，学びの成果を把握する必要性を説いている[5]。質的な授業改善のためには，教員も学生も互いに学び合う姿勢や，学びを振り返る姿勢が必要である。大学教育でも，学生自身によって学びを振り返るべきとする議論が活発である[6]。しかしながら，社会科学系大学で行う「振り返る学び」について，日本では議論がまだ進んでいない。日本では，深い振り返りと浅い振り返りの定義付けが議論され始めている[7]。大学教育における学習過程の質的改善や「振り返る学び」を促す取り組みは，議論が始まったばかりである。

その一方，東京一極集中や人口減少によって労働力不足にある地方に対し，中央教育審議会大学分科会（2021b）では，地方大学に，量と質の労働力供給や，地域社会との連携を求めている[8]。

3）「高等学校教育の変容を受けて，大学教育にもその一層の改革が求められており，特に，各大学の教育理念にふさわしい入学者を受け入れるための大学入学者選抜の在り方をより適切なものに改善すること，単なる授業改善にとどまらず，大学として体系的で組織的な教育活動を展開することや学生の能動的・主体的な学修を促す取組を充実すること，学修成果の可視化や PDCA サイクルによるカリキュラム・マネジメントの確立等に取り組むことが急務となっている」（中央教育審議会大学分科会 2016：1）。

4）「高校までの勉強から大学教育の本質である主体的な学修へと知的に跳躍すべく，学生同士が切磋琢磨し，刺激を受け合いながら知的に成長することができるよう，課題解決型の能動的学修（Active Learning）といった学生の思考や表現を引き出しその知性を鍛える双方向の授業を中心とした質の高いものへと学士課程教育の質を転換する必要がある」（中央教育審議会大学教育部会 2012：4）。

5）「一人一人の学生が学位プログラムを通じて得た自らの学びの成果（学修成果）や，大学が学位プログラムを通じて『卒業認定・学位授与の方針（Diploma Policy）』に定められた資質・能力を備えた学生を育成できていること（教育成果）に関する情報を的確に把握・可視化する必要がある」（中央教育審議会大学分科会 2020：7-8）。

6）「これまで教室での対面を前提として授業が行われてきたが，今般のコロナ禍においてオンライン授業の利用が急速に進んできた経験から，教員と学生が相互のコミュニケーションを図り，互いに学び合うといった教育と研究の一体感を築き上げていくことの重要性が再確認された」（中央教育審議会大学分科会 2021a：12）。

7）小林・梶浦（2021）では，学習内容のまとめや感想，類題を解かせるような振り返りを「浅い振り返り」，学びに対する①意味づけや価値づけ，②新たな疑問の発見，③自分なりの主張や意思の創出を「深い振り返り」と定義している。

2　研究の目的と意義

　学生たちが学習意欲を向上，持続させていくためには，学生自身によって学びを振り返る（Reflective）ことが必要である。学生が学びを振り返るためには，「振り返る学び」を促す授業設計が必要である。「振り返る学び」を促すとは，学生が授業を通じて，①何を学んだのか，②どのように学んだのか，③なぜこの学びが必要なのか，④どのようにこの学びを使うのか，の４つについて，学生自身による学びの振り返りを促すことである。

　「振り返る学び」を通して，学生たちは，何ができるようになるか，何を学ぶか，どのように学ぶか。本章の目的は，社会人基礎力修得と学習時間から，「振り返る学び」を促す取り組みとその成果を検証することである。

　「振り返る学び」を促す成果が，学生たちの社会人基礎力修得と学習時間に表れているかどうかを検証することは，質的な学習課程改善の議論が始まり出した大学教育研究に対する本章の学術的な貢献であると考えている。「振り返る学び」を促す取り組みとその成果は，地域社会と連携した課題解決に取り組む「地（知）の拠点大学」（文部科学省高等教育局 2017）や「魅力ある地方大学」（中央教育審議会大学分科会 2021b）を議論するうえで，一定の貢献もあろう[9]。

2　先行研究の整理

1　振り返り（Reflection）に関する先行研究

　Kolb, D. A.（1984：23-26）は，体系化・汎用化された知識を受動的に習い覚える知識付与型の学習と経験学習を区別して，図 7-1 のように「経験」「振り返り」「概念化」「実践」の４段階から成る経験学習サイクル論を唱えている。Kolb は具体的な「経験」から，より深く学ぶには経験をじっくり「振り返る」ことが重要だとしている。そのうえで Kolb は，振り返ったあとでその経験を次の経験に生かすべく，「概念化」することも重要だと述べている。「経験」と「概念化」から得られた新しい考

---

8)「地域への優秀な人材の輩出や，大学の知の活用・社会実装を通じた地域の課題解決や地域経済の発展などによって，地域に貢献する大学の在り方が求められる」（中央教育審議会大学分科会 2021b：3）。

9)　若年層の東京一極集中を解消するため，大学群，自治体，地域の中小企業などが連携し，地方大学による地方創生を推進する事業が「地（知）の拠点大学（COC+）」である（文部科学省高等教育局（2017）を筆者要約）。

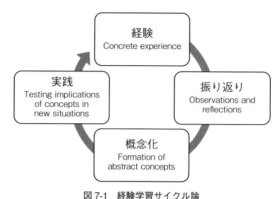

図7-1　経験学習サイクル論
出所：Kolb（1984：21, Figure 2-1.）に筆者加筆。

えや方法に基づいて「実践」すれば，今までとは異なる経験を積むことになり，経験学習はより良い形で循環していくというのが Kolb の経験学習サイクル論である。

　Ash, S. L. & Clayton, P. H.（2005）は，経験を積んで学んだことを明確に表現していく過程を「明確な学び（Articulated Learning）」と呼んでいる。本章では，「明確な学び」（Ash & Clayton 2004）を「振り返る学び」と言い換えている。Kolb（1984）が重視した「振り返り」について，Ash & Clayton（2005）では，「振り返り」は「記述」「分析」「表現」の3過程を経る必要があると指摘している[10]。そのなかで，Ash & Clayton（2004：142）では，学習者に対する問いかけとして，次の4つをあげている。「①何を学んだのか（What did I learn?）」「②どのように学んだのか（How, specifically, did I learn it?）」「③なぜこの学びが重要なのか，なぜこの学びが意義深いのか（Why does this learning matter, or why is it significant?）」「④どのようにこの学びを使うのか（In what ways will I use this learning?）」である。

　本章冒頭で取り上げた質的な授業改善の「何ができるようになるか」「何を学ぶ

10）Ash & Clayton（2004：140）では「振り返り」について，次の3過程を経なければならないと述べている（傍点は原文のイタリック体に合わせている）。
　①経験の（客観的な）記述（*Description* (objectively) of an experience）。
　②学びの種類に従った分析（*Analysis* in accordance with relevant categories of learning）。
　③学んだ成果の表現（*Articulation* of learning outcomes）。

か」「どのように学ぶか」は，上述した学習者に対する Ash & Clayton の問いかけに帰結する。中央教育審議会大学分科会（2016）が示す，卒業認定・学位授与の方針（Diploma Policy），教育課程編成・実施の方針（Curriculum Policy），入学者受入れの方針（Admission Policy）は，Ash & Clayton（2004）の学習者に対する4つの問いかけが土台になって策定されたと考えられる。

　日本では，サービス・ラーニング（Service Learning）による振り返りの成果を検証した一定の研究蓄積がある [11]。しかしながら，「ふりかえる力に注目が集まる一方で，ふりかえり支援についての知見が進んでいるとは言えない」（和栗 2010：96）。和栗（2010）では「他者と共に，思考や感情，行動などについて粘り強く考察するプロセスを経て，意味や概念を創出する・ものごとを別な角度から見るための（ふりかえり）支援が必要となる。そのような（ふりかえり）支援は，教員自身がふりかえりの習慣を身につけていかなければ困難である」（和栗 2010：97）と締めくくっている（括弧内引用者加筆）。

　米谷（2016）では，「振り返る学び」を促すために教員が果たすべき役割は何か。その役割を果たすために必要な能力は何か。必要な能力を身に付け，磨き伸ばすために，教員は何をすべきかを検討している。和栗と同様に米谷（2016）も「教員自ら Active Learning を通して自立的な学習者となっていることが望ましい」（米谷 2016：3）と指摘している。米谷（2016）の指摘は，本章冒頭で述べた，教員と学生が互いに学び合う姿勢へ行き着く。

2　「人生 100 年時代の社会人基礎力」と非認知能力に関する先行研究

　「人生 100 年時代の社会人基礎力」（経済産業省 2018）が定義している①「何を学ぶか」とは，大学教育を通じて，どんな専門分野を修めて社会で活躍するための礎とするかである。②「どのように学ぶか」とは，大学教育を通じて，年代，地域，文化などを超えた多様な人と関わっているかである。③「どう活躍するか」とは，大学教育を通じて，得手不得手を踏まえて，企業・社会とどのように関わるかである。

　「人生 100 年時代の社会人基礎力」（経済産業省 2018）では，図 7-2 のように，「何を学ぶか」「どのように学ぶか」「どう活躍するか」という視点から，学生自身が自らの学びを振り返ることで「前に踏み出す力」「考え抜く力」「チームで働く力」の

11）サービス・ラーニングとは，社会貢献活動などを通じて学ぶ Active Learning の技法である。

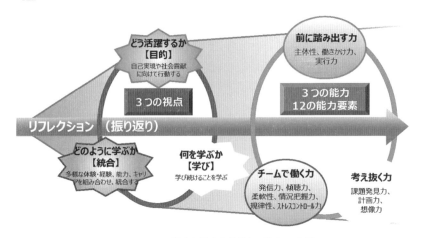

図 7-2　3 つの視点と社会人基礎力 3 能力 12 要素
出所：経済産業省（2018：3）図「人生 100 年時代の社会人基礎力」。

3 能力と 12 要素が修得できると強調している。

　社会人基礎力と類似の概念が，人生を豊かにする力の「認知能力」と「非認知能力」である。日本生涯学習総合研究所（2018：5）によれば，a. 基礎学力，b. 基礎的な知識・技能，c. 専門性・専門知識の 3 つが認知能力である。これに対して，非認知能力とは，①課題解決力，②批判的思考力，③協調性，④コミュニケーション力，⑤主体性，⑥自己管理能力，⑦自己肯定感，⑧実行力，⑨統率力，⑩創造性，⑪探究心，⑫共感性，⑬道徳心，⑭倫理観，⑮規範意識，⑯公共性の 16 能力をいう。総じて，認知能力はこれまで学力と呼ばれていた測定できる能力であり，非認知能力はこれまでの学校教育では注視されてこなかった測定できない能力である[12]。その一方で，「日本では特に意欲や興味・関心を大切にしてきたが，非認知能力の重要な要素である粘り強さや挑戦する気持ちなどの育成はそれほど重視されていなかった」（無藤 2016：19）。さらに日本では「認知能力と非認知能力は絡み合うように伸びるという認識が弱かった」（無藤 2016：19）。

　社会人基礎力「前に踏み出す力」は，表 7-1 に示されたとおり，非認知能力「主体性」「実行力」「統率力」に該当する。社会人基礎力「考え抜く力」は，表 7-1 に示されたとおり，非認知能力「課題解決力」「計画力」「創造性」に該当する。社会

12）詳しくは，幼少期から非認知能力を養うべきとするヘックマン（Heckman 2013）を参照されたい。

表 7-1　社会人基礎力と非認知能力

人生を豊かにする力		社会人基礎力		大学専門講義
認知能力	a. 基礎学力	（該当なし）	（該当なし）	修得済み
	b. 基礎的な知識・技能	（該当なし）	（該当なし）	修得済み
	c. 専門性・専門知識	（該当なし）	（該当なし）	修得目標1
非認知能力	①課題解決力	考え抜く力	iv. 課題発見力	修得目標2
		考え抜く力	vi. 計画力	
	②批判的思考力	（該当なし）	（該当なし）	
	③協調性	チームで働く力	ix. 柔軟性	
	④コミュニケーション力	チームで働く力	viii. 傾聴力	
	⑤主体性	前に踏み出す力	i. 主体性	修得目標3
	⑥自己管理能力	チームで働く力	x. 情況把握力	
	⑦自己肯定感	チームで働く力	vii. 発信力	
	⑧実行力	前に踏み出す力	iii. 実行力	
	⑨統率力	前に踏み出す力	ii. 働きかけ力	
	⑩創造性	考え抜く力	v. 創造力	
	⑪探究心	（該当なし）	（該当なし）	修得目標4
	⑫共感性	（該当なし）	（該当なし）	
	⑬道徳心	（該当なし）	（該当なし）	
	⑭倫理観	（該当なし）	（該当なし）	
	⑮規範意識	チームで働く力	xi. 規律性	
	⑯公共性	チームで働く力	xii. ストレスコントロール力	

注：大学専門講義のなかで，a.基礎学力と b.基礎的な知識・機能は，1年次～2年次に修得済みと仮定した。
出所：日本生涯学習総合研究所（2018：5，表4）をもとに筆者作成。

人基礎力「チームで働く力」は，表7-1に示されたとおり，非認知能力「協調性」「コミュニケーション力」「自己管理能力」「自己肯定感」「規範意識」「公共性」に該当する。

　大学3年次～4年次専門講義の修得目標は，筆者の場合，表7-1のとおり，認知能力「専門性・専門知識」，非認知能力「課題解決力」「主体性」「探究心」の順である。履修人数の多／少と授業形態の講義／演習によって，修得目標は変わる。筆者の場合，履修人数が150人を超える専門講義では，認知能力「専門性・専門知識」と非認知能力「課題解決力」のみを修得目標にすることもある。認知能力と非認知

能力の議論は始まったばかりであり，「課題解決力」「批判的能力」を認知能力に入れる場合もある [13]。本章でも「課題解決力」「批判的能力」は，認知能力と捉えている。

タフ（2017）によれば，教員には，認知能力を伸ばすことが得意な教員と，非認知能力を伸ばすことに長けた教員がいて，この2タイプの教員は重ならない [14]。タフ（2017）の教員分類にもとづけば，本章筆者は，認知能力「専門性・専門知識」「課題解決力」（本章では「課題解決力」を認知能力と捉えている）を伸ばすことが得意な教員であろう。

非認知能力は測定できない能力であるが，タフ（2017）によれば，①出席日数，②停学回数，③留年の有無，④GPA の代替尺度を用いた数値で非認知能力を測ることができる [15]。

3　学術的問いと検証方法

「振り返る学び」を通して，学生たちは，何ができるようになるか，何を学ぶか，どのように学ぶか。本章冒頭に記した，研究の背景，研究の目的と意義，先行研究の整理より，本章では次の4点を学術的問いに設定した。① COVID-19 感染拡大前の対面講義と，COVID-19 感染拡大後のオンライン講義では，どちらのほうが社会人基礎力「考え抜く力」を伸ばすことができるのだろうか。② COVID-19 感染拡大前の対面講義と，COVID-19 感染拡大後のオンライン講義では，どちらのほうが「課題解決力」を伸ばすことができるのだろうか。③「振り返る学び」を促す授業設計では，何が重要なのだろうか。④ COVID-19 感染拡大前の対面講義と，COVID-19 感染拡大後のオンライン講義では，どちらのほうが学習時間は長いのだろうか。

---

13) 認知心理学分野では，自らの認知能力を客観的に振り返ることができる能力をメタ認知能力と呼んでいる。メタ認知能力を磨けば，「課題解決力」や「批判的思考力」を高められるという考えであり，認知心理学分野のメタ認知能力では「課題解決力」や「批判的思考力」を認知能力と捉えている。
14) タフ（2017：99）。
15)「この新しい指標は，大まかにではあるが，生徒がどれくらい積極的に学校に関与しているかを示している。きちんと出席しているか。行動に問題があるか。教室でどの程度真面目に勉強しているか。意外にも，このシンプルな代替尺度がテストの得点よりもよい指標になることがわかった」（タフ 2017：98）。

　上記の学術的問い4点について，以下では，社会人基礎力修得と学習時間に関するアンケート調査の結果から検証した。アンケート調査の概要は，下記のとおりであり，履修学生自身がどの社会人基礎能力が修得できたかを自己評価している。この自己評価方法は，自らの認知能力を客観的に振り返るメタ認知能力にもとづくものである。

〔アンケート調査の概要〕
・調査対象（履修学生数）：対面講義（N=511）は，第7章執筆者が担当する2019年度長崎県立大学「地域産業論」「中小企業論」「ビジネス経済の実践」「地域企業研究」と長崎短期大学「Awesome Sasebo! I」の履修学生を対象とした。オンライン講義（N=480）は，2021年度の同科目履修学生を対象とした。
・主な質問項目：「この授業全15回を通じて，あなた自身が身についたと思う社会人基礎力はありますか。あてはまるもの全てを選んでください」「この授業全15回を通じて，1回の授業あたりどれくらい学習時間を費やしましたか」
・回答数（回答率）：対面講義296人（58％），オンライン講義440人（92％）。
・調査方法：web調査。授業第15回終了10分前にGoogle Formsへの回答を促した。

4　検証結果

1　対面講義とオンライン講義の違い①：社会人基礎力3能力の修得

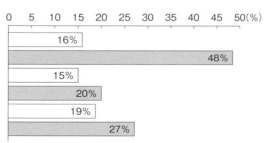

図7-3　社会人基礎能力3能力の修得率（n=736／N=991・回答率75％）

注：対面講義は2019年度に筆者が担当した対面講義（n=296／N=511），オンライン講義は2021年度に筆者が担当したオンライン講義（n=440／N=480）の集計結果である。

出所：筆者実施によるアンケート調査の結果から筆者作成。

　対面講義とオンライン講義では，どちらのほうが社会人基礎力「考え抜く力」を伸ばすことができるのだろうか。筆者が担当した COVID-19 感染拡大前の対面講義と，COVID-19 感染拡大後のオンライン講義を比べた場合，図 7-3 のように，オンライン講義のほうが対面講義より「考え抜く力」の修得率は 3.0 倍，「前に踏み出す力」の修得率は 1.3 倍，「チームで働く力」の修得率は 1.4 倍も高い。この図 7-3 データをカイ 2 乗検定した結果，上述のとおり，対面講義とオンライン講義には，社会人基礎力 3 能力の修得に偏りがあった（χ^2 (2) = 51.036, p<0.00000000001）。

　なぜ筆者が担当したオンライン講義では，「考え抜く力」の修得率が高いのか。それは，「記述」「分析」「表現」の 3 過程を経る「振り返る学び」にある。どのような「振り返る学び」を筆者は授業設計したのか。本章の 4 節 3 項で後述する。

2　対面講義とオンライン講義の違い②：社会人基礎力 12 要素の修得

　対面講義とオンライン講義では，どちらのほうが「課題解決力」（社会人基礎力の「課題発見力」と「計画力」）を伸ばすことができるのだろうか。筆者が担当した COVID-19 感染拡大前の対面講義と，COVID-19 感染拡大後のオンライン講義を比べた場合，図 7-4 と図 7-5 に示されたとおり，対面講義のほうが，チームで働く力「発信力」1 要素のみ修得率が高く，オンライン講義のほうが，考え抜く力「課題発

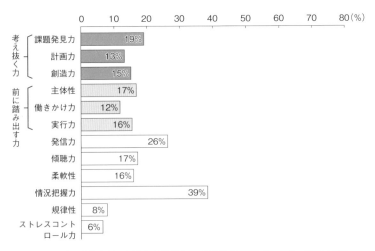

図 7-4　対面講義を通じた社会人基礎力 12 要素の修得率（n=296・2019 年度）

注：対面講義は，2019 年度に筆者が担当した対面講義の集計結果（n=296／N=511・回答率 58%）である。
出所：筆者実施によるアンケート調査の結果から筆者作成。

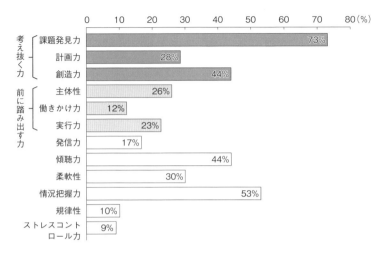

図7-5　オンライン講義を通じた社会人基礎力12要素の修得率（n=440・2021年度）

注：オンライン講義は，2021年度に筆者が担当したオンライン講義の集計結果（n=440／N=480・回答率92%）である。

出所：筆者実施によるアンケート調査の結果から筆者作成。

見力」「計画力」「創造力」など残り11要素の修得率が高い。この図7-4と図7-5のデータを1表にまとめた原データをカイ2乗検定した結果，上述のとおり，対面講義とオンライン講義には，社会人基礎力12要素の修得に偏りがあった（$\chi^2 (11) = 106.159$, p<0.0000000000000001）。

　対面講義とオンライン講義では，オンライン講義のほうが対面講義より「課題発見力」（考え抜く力）の修得率は3.8倍，「創造力」（考え抜く力）の修得率は2.9倍，「傾聴力」（チームで働く力）の修得率は2.5倍，「計画力」（考え抜く力）は2.2倍も高い。

　考え抜く力の「課題発見力」と「計画力」を合わせて，本章では「課題解決力」とした。筆者が担当したオンライン講義では，「課題解決力」の修得率が高いと結論づける。その一方で，「発信力」（チームで働く力）は，対面講義26%からオンライン講義17%へ9ポイント下がっている。

3　課題解決力を伸ばす授業設計
　なぜ筆者が担当したオンライン講義では，「課題解決力」（社会人基礎力の「課題発見力」と「計画力」）などの修得率が高いのか。それは，「記述」「分析」「表現」

の3過程を経る「振り返る学び」にある。どのような「振り返る学び」を筆者は授業設計したのか。対面講義でも「記述」「分析」「表現」の3過程を経る「振り返る学び」は意識していたが，認知能力と非認知能力が絡み合うという考えを欠いた授業を設計していた[16]。つまり，筆者が担当していた対面講義では，学術的な「専門性・専門知識」にもとづく「課題解決力」を引き出す授業設計が欠けていた。

　大学の専門講義には，それぞれの専門講義に学術的な専門性や専門知識があり，たとえ同じような地域課題であったとしても，それぞれの専門講義で求めるべき「課題解決力」が異なる。筆者が担当する「地域産業論」と「中小企業論」では，同じ地域課題をあつかったとしても，異なる課題解決案を要求している。学術的な専門性や専門知識（認知能力）を養うには，教科書を利用したほうが学生たちへ伝えやすい。筆者の場合，COVID-19感染拡大前の対面講義では教科書を利用していなかったが，COVID-19感染拡大後のオンライン講義では教科書『実践から学ぶ地域活性化』（梅村2021）を利用するように変更した。教科書を利用した結果，先述のとおり，オンライン講義では，「課題解決力」などの修得率が対面講義よりも高かった。

　教科書を導入したから「振り返る学び」が促されて，「課題解決力」などの修得率が伸びたと結論づけるのは早計である。「振り返る学び」を促すために，筆者が担当したオンライン講義と対面講義では，表7-2のように，毎回の授業で「記述」「分析」「表現」の3過程を経て，かつ図7-6のように授業15回を通した経験学習サイクルを7周回させた。

　筆者が担当したオンライン講義と対面講義では，経験学習サイクルのうち，「実践→経験→振り返り」は官公庁のショート動画を利用した事例研究，「振り返り→概念

表7-2　「記述」「分析」「表現」の3過程を経る「振り返る学び」の一例

記述	*** について，教科書／ショート動画の重要な箇所を300字〜400字でまとめなさい。
分析	*** について，教科書／ショート動画の該当箇所からキーワードを3つあげなさい。
表現	*** について，あなたの考えを300字以上で述べなさい。字数の上限はありません。アカデミック・ライティング（5W2H：いつ・どこで・誰が・何を・なぜ・どのように・いくらで）を心がけましょう。

出所：筆者担当の対面講義／オンライン講義をもとに筆者作成。

---

16) 竹田ほか（2020）では，対面授業を通じて学生たちの認知能力と非認知能力が並行して伸びたことを明らかにしている。

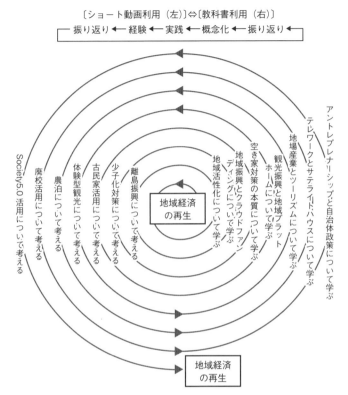

〔ショート動画利用（左）〕⇔〔教科書利用（右）〕

振り返り ← 経験 ← 実践 ← 概念化 ← 振り返り ←

地域経済
の再生

地域経済
の再生

Society5.0活用について考える

廃校活用について考える

農泊について考える

体験型観光について考える

古民家活用について考える

少子化対策について考える

離島振興について考える

地域活性化について学ぶ

地域振興とクラウドファンディングについて学ぶ

空き家対策の本質について学ぶ

観光振興と地域プラットホームについて学ぶ

地場産業とツーリズムについて学ぶ

テレワークとサテライトハウスについて学ぶ

アントレプレナーシップと自治体政策について学ぶ

図7-6　経験学習サイクルを7周回させた「振り返る学び」の一例
出所：筆者担当のオンライン講義「地域産業論」シラバスをもとに筆者作成。

化→実践」は教科書を利用した学術的な専門性や専門知識の修得にあてた。そのう
えで，図7-6のように，授業15回を通して経験学習サイクルを7周回させ，「振り
返る学び」を促した。

　さらに，表7-2のとおり，「記述」では教科書または事例研究の要約文300字～
400字作成，「分析」では教科書または事例研究からキーワードを3つ抽出，「表現」
では教科書または事例研究に対する自分の考えをまとめた文書（300字程度）の作
成を毎回の授業で課して，「振り返る学び」を促した。

　経験学習サイクルによる「振り返る学び」と，「記述」「分析」「表現」の3過程を
経る「振り返る学び」が，対面講義よりもオンライン講義に適したので，「考え抜く
力」や「課題解決力」などの修得率が伸びたと結論づける。

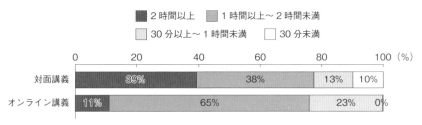

図7-7　授業1回あたりの学習時間（n=736 ／ N=991・回答率75%）

注：対面講義は2019年度に筆者が担当した対面講義（n=296 ／ N=511），オンライン講義
　　は2021年度に筆者が担当したオンライン講義（n=440 ／ N=480）の集計結果である。

出所：筆者実施によるアンケート調査の結果から筆者作成。

4　対面講義とオンライン講義の学習時間

　対面講義とオンライン講義では，どちらのほうが学習時間は長いのだろうか。

　本章筆者が担当した授業の場合，図7-7のとおり，4つの特徴があった。①対面講義とオンライン講義では，授業1回あたり1時間以上の学習時間をとった学生の割合が，対面講義77%・オンライン講義76%とほぼ同じである。②対面講義とオンライン講義の学習時間中央値は，どちらも「1時間以上～2時間未満」である。③対面講義のほうがオンライン講義よりも授業1回あたり「2時間以上」を費やした学生が多い。④オンライン講義のほうが対面講義よりも授業1回あたり学習時間「30分未満」の学生が少ない。

5　考察と振り返り

　オンライン・ゼミナールでも，「課題解決力」（社会人基礎力の「課題発見力」と「計画力」）を伸ばすことができるのだろうか。筆者が担当したCOVID-19拡大後のオンライン講義と，全30回のうち12回をオンラインで指導したオンライン・ゼミナールを比較考察する。

　オンライン・ゼミナールの社会人基礎力「考え抜く力」は，図7-8のとおり，「課題発見力」88%（73%），「計画力」25%（28%），「創造力」47%（44%）であった（括弧内オンライン講義・前掲図7-5より）。オンライン・ゼミナールの回答数が少ないので，「計画力」と「創造力」の差は，誤差の範囲ともいえる。しかし「課題発見力」は，オンライン講義よりオンライン・ゼミナールのほうが，修得率は15ポイ

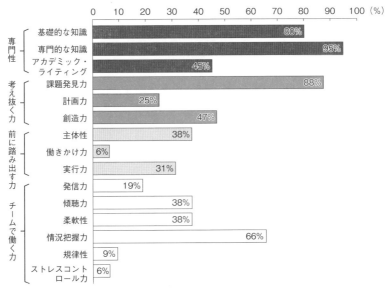

図 7-8　オンライン・ゼミナールを通じた社会人基礎力 12 要素と専門性の修得率（N=31）

注：オンライン・ゼミナールは，2020 年度と 2021 年度に筆者が担当したゼミナール「基礎演習（2 年次）」「専門演習（3 年次）」の集計結果（N=31・回答率 100%）である。

出所：筆者実施によるアンケート調査の結果から筆者作成。

ントも高い。図 7-8 より，オンライン・ゼミナールでも，「課題解決力」（社会人基礎力の「課題発見力」と「計画力」）を伸ばすことができるといえる。ただし，オンライン・ゼミナールの回答総数が少ないので，統計学的な検定はできなかった。

　ゼミナールは，学生が主体となって研究を進める場である。社会人基礎力の修得よりも専門性を伸ばすことがゼミナールの学修目標である。図 7-8 に示されたように，「専門的な知識」の修得率が 95% と高く，学生たちはオンライン・ゼミナールで，専門性を育むことができたといえよう。

　なお，オンライン・ゼミナールとオンライン講義で 10 ポイント以上の差が出ているのは，「主体性」38%（26%）と「傾聴力」22%（44%）である（括弧内オンライン講義・前掲図 7-5 より）。オンライン・ゼミナールは，全 30 回のうち 18 回を対面で指導したので，対面授業の良いところが反映された結果，オンライン講義に比べて，「主体性」が 12 ポイントも高いと考察する。その一方，オンライン・ゼミナールは，対面授業で 18 回指導したので，対面授業の悪いところが反映された結果，オンライン講義と比べて，「傾聴力」が 22 ポイントも低いと考察する。

15回の講義を通じて，地域産業の現状や地域産業が抱えている課題を様々な視点から
アプローチしていくことができ，とても有意義でした。講義で取り上げられた地域課
題が私の地元でもいくつも存在しています。私の地元が抱える地域課題を1つでも解
消できるように，地域課題を自分事として捉え行動していきたいです。都会ばかりに
目を向けるのではなく，たくさんの人に地方の魅力について気づいて欲しいと，この
授業を受ける前と後で考えが変わりました。毎回，課題提出後にコメントしてくれて
ありがとうございました。

図7-9　オンライン講義履修学生Aの「振り返る学び」

出所：2021年度「地域産業論」第15回に実施したwebアンケートか
ら，学生が入力した原文そのままを筆者転載。

「地域を再生するには」「地域を活性化させるには」と授業1回目で考えた時，テレビ
やネットの影響で，SNSの情報発信や，ゆるキャラ採用が頭に浮かびました。しかし，
これらは地域再生にはあまり効果がなくて，長期的な地域再生の方法を考えることが
大切だと授業を通じてわかりました。地域再生や地域活性化を考えるときは，単年や
短期のビジョンと収支ではなく，長期のビジョンと収支が大事だと気づけました。会
社に入って業績を積むにしても，公務員になって地域の活性化に取り組むにしても，
行動する人同士で価値観を共有することがとても大切だともわかりました。ありがと
うございました。

図7-10　オンライン講義履修学生Bの「振り返る学び」

出所：2021年度「ビジネス経済の実践」第15回に実施したweb
アンケートから，学生が入力した原文そのままを筆者転載。

　図7-9と図7-10は，オンライン講義履修学生が入力した授業全15回を振り返っ
た文章である。「振り返る学び」を通して，学生たちは，何を学んだか，どのように
学んだか，何ができるようになったか。図7-9や図7-10の履修学生は「振り返る学
び」ができている。筆者が担当したオンライン講義を通して，履修者全員が「振り
返る学び」ができたと言い切れる根拠はない。しかしながら，授業1回あたり1時
間以上の学習時間をとっていた76%の履修学生は，オンライン講義を通して，「振
り返る学び」ができたと推察したい。

　「振り返る学び」を促すために「記述」「分析」「表現」の3過程を経て，かつ経験
学習サイクルを周回させれば，どのオンライン講義でも「課題解決力」や社会人基
礎力が伸びるのだろうか。筆者が担当するゼミナール（履修学生数16人）の1コ
マを使ってオンライン講義を試みた（以下，オンラインゼミ講義とよぶ）。教科書

---

17)「The Economy: Economics for a Changing World」（英文）は，COREプロジェクト
　が提供している無料オンライン・テキストである〈https://www.core-econ.org/〉。

に「The Economy: Economics for a Changing World」（英文）の第1章を利用して，「振り返る学び」を促した[17]。この1コマ限りの学習時間は「2時間以上」が94%（15人）を占めているものの，「考え抜く力」修得率が，筆者担当オンライン講義44%に対して，オンラインゼミ講義40%であった。「課題発見力」修得率は，筆者担当オンライン講義73%に対して，オンラインゼミ講義31%であった。英文から経済学的な課題を発見するのは難題だったという結果である。教科書の平易さもオンライン講義で「振り返る学び」を促すためには重要であると，筆者によるオンラインゼミ講義設計の失敗を振り返る。

6 結　論

　学生たちが学習意欲を向上，持続させていくためには，学生自身による「振り返る学び」が必要である。「振り返る学び」とは，授業を通じて，何を学んだのか，どのように学んだのか，どのようにこの学びを使うのか，を学生自身が振り返る「学び」である。

　対面講義とオンライン講義における社会人基礎力修得と学習時間の比較から，「振り返る学び」を促す取り組みとその成果を検証した。筆者が担当した対面講義とオンライン講義では，オンライン講義のほうが対面講義より「課題発見力」の修得率は3.8倍，「創造力」の修得率は2.9倍，「傾聴力」の修得率は2.5倍，「計画力」は2.2倍も高い。社会人基礎力の「課題発見力」と「計画力」を合わせて，本章では「課題解決力」とした。筆者が担当したオンライン講義では，「課題解決力」の修得率が高いことが明らかになった。

　経験学習サイクルによる「振り返る学び」と，「記述」「分析」「表現」の3過程を経る「振り返る学び」が，対面講義よりもオンライン講義に適していたので，筆者が担当したオンライン講義では，学生たちの「課題解決力」などが育まれたと結論づける。

【引用・参考文献】
梅村　仁［編著］（2021）.『実践から学ぶ地域活性化——多様な手法と多彩なカタチ』同友館
経済産業省（2018）.「「人生100年時代の社会人基礎力」と「リカレント教育」について」〈https://www.meti.go.jp/committee/kenkyukai/mirainokyositu/pdf/002_s01_00.pdf（最終確認日：2022年7月8日）〉
小林和雄・梶浦　真（2021）.『すべての子どもを深い学びに導く「振り返り指導」——自律的で深く学びつづける力を育てる振り返り指導』教育報道出版社

竹田英司・井草　剛・安田俊一（2020）.「問題解決型学習の実践と成果──地域経済学を通じた認知能力の涵養」『経済教育』*39*: 130–142.

竹田英司・松本直樹（2022）.「振り返る学び──課題解決力を育む実践教育」『社会人基礎力研究』*3*: 18–29.

タフ, P.／高山真由美［訳］（2017）.『私たちは子どもに何ができるのか──非認知能力を育み, 格差に挑む』英治出版（Tough, P.（2016）. *Helping children succeed: What works and why.* New York: Random House Books.）

中央教育審議会教育課程部会高等学校部会（2016）.「第5回配付資料1　学習指導要領改訂の方向性（案）」10.〈https://www.mext.go.jp/b_menu/shingi/chukyo/chukyo3/061/siryo/__icsFiles/afieldfile/2016/07/20/1374453_1.pdf（最終確認日：2022年7月21日）〉

中央教育審議会大学教育部会（2012）.「第11回配付資料1　大学教育部会の審議のまとめについて（素案）」〈https://www.mext.go.jp/b_menu/shingi/chukyo/chukyo4/015/attach/1318247.htm（最終確認日：2022年7月8日）〉

中央教育審議会大学分科会（2016）.「「卒業認定・学位授与の方針」（ディプロマ・ポリシー）,「教育課程編成・実施の方針」（カリキュラム・ポリシー）及び「入学者受入れの方針」（アドミッション・ポリシー）の策定及び運用に関するガイドライン」〈https://www.mext.go.jp/b_menu/shingi/chukyo/chukyo4/houkoku/__icsFiles/afieldfile/2016/04/01/1369248_01_1.pdf（最終確認日：2022年7月8日）〉

中央教育審議会大学分科会（2020）.「教学マネジメント指針」〈https://www.mext.go.jp/content/20200206-mxt_daigakuc03-000004749_001r.pdf（最終確認日：2022年7月8日）〉

中央教育審議会大学分科会（2021a）.「教育と研究を両輪とする高等教育の在り方について──教育研究機能の高度化を支える教職員と組織マネジメント」〈https://www.mext.go.jp/content/20210302-koutou01-1411360_00002_003.pdf（最終確認日：2022年7月8日）〉

中央教育審議会大学分科会（2021b）.「魅力ある地方大学を実現するための支援の在り方について」〈https://www.mext.go.jp/content/20210827-mxt_koutou01-000017637_1_2.pdf（最終確認日：2022年7月8日）〉

日本生涯学習総合研究所（2018）.「「非認知能力」の概念に関する考察」〈https://www.shogai-soken.or.jp/research/non-cog2018.pdf（最終確認日：2022年7月8日）〉

米谷　淳（2016）.「授業改善に関する実践的研究13──アクティブラーニングと教員（2）」『大學教育研究』*24*: 1–7.

無藤　隆（2016）.「生涯の学びを支える「非認知能力」をどう育てるか」『これからの幼児教育2016春号』ベネッセ教育総合研究所, pp.18–21.

文部科学省高等教育局（2017）.「地（知）の拠点大学による地方創生について──COCからCOC+へ」〈https://www.jst.go.jp/shincho/sympo/chiiki/pdf/51.pdf（最終確認日：2022年7月8日）〉

文部科学省高等教育局（2020）.「令和元年度「全国学生調査（試行実施）」結果【資料編】」〈https://www.mext.go.jp/content/20200703-mxt_koutou01-000008494_08.pdf（最終確認日：2022年7月8日）〉

和栗百恵（2010）.「「ふりかえり」と学習──大学教育におけるふりかえり支援のために」『国立教育政策研究所紀要』*139*: 85–100.

Ash, S. L., & Clayton, P. H. (2004). The articulated learning: An approach to guided reflection and assessment. *Innovative Higher Education, 29*(2): 137–154.

Kolb, D. A. (1984). *Experiential learning: Experience as the source of learning and development.* Englewood Cliffs, N.J.: Prentice-Hall, p.288. Suzuki, H. (2008). *Educational technology and it's methods.*

Heckman, J. J. (2013). *Giving kids a fair chance.* Cambridge, Mass: The MIT Press.（ヘックマン, J. J.／古草秀子［訳］（2015）.『幼児教育の経済学』東洋経済新報社）

第8章

大学教育における実践的教育とその職業的意義

代田義勝

1 はじめに

　令和2年度以来3年に渡って，日本経済団体連合会（以下，経団連）は，ジョブ型雇用の導入を提唱している（経団連 2020：11-17；経団連 2021：35-42；経団連 2022：32-37）。ジョブ型雇用とは，日本を除く多くの国々で採用されている職務を限定して行う雇用システムである。これに対して日本では採用職務を限定せず入社後様々な職務に異動することを前提とする雇用システムが一般的である。これはグローバル・スタンダードであるジョブ型雇用に対してメンバーシップ型雇用と呼ばれる。経団連は，日本企業に伝統的なメンバーシップ型雇用からジョブ型雇用に変えていこうと提案しているのである。

　では，企業の多くがジョブ型雇用に変わると，大学教育はどのように変わるのか。ジョブ型雇用では，新規学卒者一括採用方式は行われず，ポストが空席になったときのみに採用が行われる，いわゆる欠員補充方式となる。欠員補充方式の場合，入社当日から当該ポストの職務をこなすことが求められる。とすれば，新卒時に間断なく企業に採用されるためには，大学で特定の職務をこなすスキルを身に付けておく必要がある。そのためには，例えば，ヨーロッパの大学で当たり前の様に行われている数カ月にも及ぶ長期インターンシップの導入が不可欠となり，メンバーシップ型雇用を前提として行われてきた従来の大学教育は大きく変容を迫られることとなる。

　メンバーシップ型雇用の下では，本格的な職業能力は学生が企業に入社した後，企業が独自に身に付けさせる。大学教育の役割はその前段階までとなる。とりわけ大学の文系学部に企業が育成を期待する能力は教養と学習能力であって，職業能力ではない。他方，ジョブ型雇用の下では，職業生活をスタートできるレベルの職業能力の育成こそが大学に課せられる責務となる。

　今後，一方ではグローバル化の圧力の下，他方では日本型雇用システムの維持が困難となるなか，ジョブ型雇用が徐々に広がりをみせていけば，日本の大学はその役割を遠からず変えざるをえないであろう。しかしながら，メンバーシップ型雇用がなお支配的な現在，大学はその教育の職業的意義を高めるために何ができるのか。

　本章では，まず，日本の学校教育の職業的意義がどのようになっているのか。日本の雇用システムと教育システムの相互のバランスの視点から確認する。そして，現実的な対応として，どのような形の職業教育が考えられるのかを考察する。また，その具体的な方法として，筆者の大学での実践も併せて紹介する。

2 教育の職業的意義

　ここでは，教育の職業的意義についての議論を確認する。まず，教育の職業的意義について本田由紀の議論を取り上げる。次に，大学教育の職業的意義について濱口桂一郎の議論を取り上げる。

　さて，本田（2005）によれば，教育の意義には，時間と対象の2軸で分類すると，即自的意義（現在／個人），市民的意義（将来／個人・社会），職業的意義（将来／社会）があり，これらのうち，教育の職業的意義を高めることは，将来の社会のニーズに照準を合わせてデザインしなければならないという困難性をはらむが，若者の教育から仕事への移行が困難化するなかではとりわけ喫緊の課題であるとしている。それにもかかわらず，日本の学校教育の職業的意義はその主観的評価においても客観的評価においても諸外国と比較して著しく低くなっていると問題視する（本田2005：149-174）。

　この日本の学校教育の職業的意義の低さの理由として，本田は，「教育という社会的領域のあり方」，「仕事という社会的領域のあり方」，そして「両領域の接点のあり方」という3要因の絡み合いが決定的に重要であったとする。すなわち，教育領域が「職業的意義」を与える体制を構築してこなかったこと，仕事領域が労働力の確保を優先し教育領域の職業的意義を尊重する処遇を行ってこなかったこと，そして，それらが両領域の接点としての「学校経由の就職」と表裏一体の関係にあったことに，日本の学校教育の職業的意義の低さの原因を見る。そして，一旦，両領域の接点としての「学校経由の就職」が慣行として成立してしまうと，教育領域のあり方も仕事領域のあり方もそれに強く規定されるようになったとする（本田2005：174）。

　具体的には，本田はまず乾彰夫の議論，すなわち，1960年代に企業が労働力の確

保競争を激化させるなかで，労働力の流動化ではなく定着化を優先させ，職務給制度ではなく職能給制度を中心とする日本的雇用を選択していったという「労働力実態」があり，その一元的能力主義が教育領域では教育の職業的意義を希薄化させていったという「教育現実」をもたらしたとする議論が重要であるとする。ただ，他方で，1960年代の学歴構成の急変という「教育現実」が学歴と職務との対応関係に崩壊と混乱をもたらし，企業にその対応としての職能給制度を中心とする日本的雇用へのシフトという「労働力実態」を迫ったことも重要であると指摘している（本田 2009：76-86）。

　これらのことから，本田は，教育の職業的意義が希薄化した条件として，第1に，若年層の学歴構成が急激に変化したこと，第2に，経済成長により労働力需要が持続的に高水準を維持しており，企業が内部労働市場に労働力を確保しておく必要性がきわめて高くなっていたことを挙げている。ただ，この第2の条件はすでに大きく様変わりしており，日本的雇用はすでに企業にとっても大きな負担となっているとする。長いスパンでみれば，1960年代以降の数十年間は「教育の職業的意義」にとって特異な状態であったという（本田 2009：86-98）。

　次に，大学教育の職業的意義についての議論であるが，濱口（2013）は，日本的雇用システムと日本の教育システムとの関係性を「教育と職業の密接な無関係」と表現する。濱口は，ジョブ型社会とメンバーシップ型社会を対比させながら，ジョブ型社会では「学校教育制度の中に特定の職業に必要な資格や能力を身につけるための課程が設けられていることが普通」（濱口 2013：113）で，教育が仕事に役立つようなものになっており，企業での採用においても，ジョブごとの採用となるから，新規学卒者は職業経験がないとはいえ，学校教育においてある程度必要な資格や能力を身に付けておくことは極めて重要なこととなるとする（濱口 2013：111-113）。教育と職業とは密接な関係をもたざるをえない。

　ところが，メンバーシップ型社会では，職業教育は企業が入社後OJTで行うので，「学校教育は企業内人材養成に耐えうる「地頭がいい」人材を提供してくれればよい」（濱口 2013：119）という。とすれば，職業教育はもちろん，大学教育もそれ自体としては意味がないことになる。学校教育で意味があるのは「会社に入ってからOJTでさまざまな仕事を覚えていくことができるような素材としての優秀さを外に対して示すシグナルとしての役目」（濱口 2013：119）ということになる。どの偏差値レベルの学校教育を受けたかが卒業後の職業キャリアに大きな影響を及ぼすという意味では日本の雇用システムと日本の教育システムとに密接な関係があるが，

学校教育の中身に目を向けると，そこには「教育と職業の密接な無関係」という関係が成立しているとする（濱口 2013：118-137）。

　加えて，この「教育と職業の密接な無関係」すなわち教育の職業的意義の希薄化は，教育費負担者の性格によって許されてきているという。つまり，ヨーロッパの多くの国々では，大学の授業料は原則無料で国や社会が負担していて，公費を投ずる以上，無関係は許されない。これに対して，日本の大学教育は公費がある程度投ぜられているとはいえ，その負担の多くを親が負っており，国や社会がその密接な無関係を咎める圧力が低くなっているという（濱口 2013：121-124）。

　本田と濱口の議論から，日本の学校教育の職業的意義について，次のようにまとめることができる。第1に，日本の学校教育の職業的意義はそれを高めることが喫緊の課題であるにもかかわらず，きわめて低いこと，第2に，日本の学校教育の職業的意義の希薄化は，労働力定着を求める「労働実態」への対応と学歴構成の急変という「教育現実」への対応として，職能給制度を中心とする日本的雇用へのシフトが生み出したこと，第3に，職能給制度を中心とする日本的雇用すなわちメンバーシップ型社会では，職業教育は入社後に企業がOJTで行うため，学校教育には，職業教育すなわち職業的意義を期待しておらず，地頭のいい人材と優秀さのシグナルとしての役目を期待していること，である。

3　日本的雇用システムの縮小と間断のない就職システムの綻び

　1960年代から80年代にかけて，日本的雇用システムと日本の教育システムとの絶妙なバランスの下，学校教育にその職業的意義を問われることはなかった。ところが，バブルが崩壊した1990年代以降，日本企業はその日本的雇用システムを従来の形のまま維持することが困難となった。すなわち，従来の日本企業は，多くの従業員を日本的雇用システムの対象とし，終身雇用と定期昇給を保証する見返りとして従業員の異動と残業を命ずる自由を享受してきたが，終身雇用と定期昇給の保証が困難となってきたのである。

　そのような状況のなか，1995年，日本経営者団体連盟（以下，日経連，2002年に経団連と統合）は今後の日本的経営の新たな指針として『新時代の「日本的経営」』を発表し，日本的雇用システムの今後のあり方についての方向性を打ち出したのである。そのポイントは，自社型雇用ポートフォリオの提案と定期昇給の見直しであった。

　自社型雇用ポートフォリオの提案とは，従業員を3つのグループ，すなわち，①

長期蓄積能力活用型グループ，②高度専門能力活用型グループ，③雇用柔軟型グループに分け，各企業がその置かれた状況に応じて，従業員を3つのグループに振り分け，各企業に適した雇用ポートフォリオとすることを勧める考え方である。

　その意図するところは，メンバーシップ型雇用の対象となる正社員の絞り込みである。従来は，従業員の確保のために，①長期蓄積能力活用型グループ，②高度専門能力活用型グループ，そして③雇用柔軟型グループも可能なかぎりメンバーシップ型雇用の対象としてきたが，それを①長期蓄積能力活用型グループとして絞り込もうとするものである。他方で，②高度専門能力活用型グループと③雇用柔軟型グループについては非正規社員とするものである。

　そして，定期昇給の見直しとは，①長期蓄積能力活用型グループの正社員であっても，定期昇給の年功的運用は見直すべきであり，降格，降給もありうるとするものである。

　さて，実態としてはどうなったか。海老原嗣生・荻野進介（2018）によれば，「雇用柔軟型は，製造・流通・サービス・販売・事務・建設という部門で大きくその数を増やし，そうした部門のスタッフの多くが非正規化し」，「それ以外の営業や人事，総務，経理，技術部門では（事務を除くと）非正規割合はあまり上がらず，彼らは基本，長期蓄積能力活用型としてそれまでと同じ正社員としての待遇を享受し続け」た。結果としては，高卒，短大卒が正社員として就職してきた非ホワイトカラー職種は日本型雇用システムからはじき出されることとなった。そして，正社員として就職できない高校生は大学進学へと進路を変えるが，今度は大量の大学卒業者によりホワイトカラー正社員の就職先が狭き門となり，大量の未就職卒業者が生まれ，就職氷河期やフリーター問題が引き起こされ大きな社会問題となった（海老原・荻野 2018：243-244）。

4 フリーターの拡大と大学におけるキャリア教育の進展

　前節でみたように，大学からの間断のない就職システムが綻びをみせるようになり，無就職卒業者が2004年で28.7％となる（代田 2019：241）。また，この年のフリーターは前年に続き210万人を超える数となった。国はこの前代未聞の事態に矢継ぎ早に手を打ち続ける。フリーターに対してはジョブカフェ，ジョブカード等々といったジョブ型雇用システムを前提にした就業支援を打ち出した。ただ，結局，企業の根強いメンバーシップ型意識に阻まれ，ジョブ型教育訓練による雇用の促進

は進まなかった。

　他方で，大学も就職課をキャリアセンターに衣替えし，就職の斡旋だけにとどまらない，初年時からキャリア教育・支援を実施するようになる。寺田盛紀（2014）は，大学にキャリア教育が求められるようになった理由として次の3つを指摘している（寺田 2014）。第1は，もともと日本の大学では目的学部を除けばその教育課程において仕事世界への「移行の架け橋」（職業生活の準備のための現場実習課程）を欠いていること，第2に，移行（学校教育と職業生活との円滑な接続）のメカニズムの揺らぎ（学卒無業，就職後早期離職の常態化，フリーター志向など）が目立ってきたこと，第3に，「社会人基礎力」，「就職基礎力」，「学士力」，「基礎的・汎用的能力」等，いろんな表現がされるが，企業がコミュニケーションスキルや問題解決能力等の基礎的・汎用的スキルを大卒者に求めるようになってきていることである（寺田 2014：138-142）。

　大学のキャリア教育・支援は，寺田の第1の指摘はあるが，メンバーシップ型雇用システムを前提とした内定率の向上を目指すことになるわけであるから，決して特定の職業に就くための本来の意味での職業教育にならず，1つは，職業意識の醸成を促す教育となる。すなわち，卒業生や外部講師による体験談や教訓の伝達である。もう1つは，いわゆる就職スキルをアップさせるための教育となる。すなわち，自己理解，業界・企業研究，履歴書の書き方等である。そして，もう1つは，寺田の第3の指摘にある，社会人基礎力や基礎的・汎用的スキルを身に付けるコンピテンシー教育となる。

　大学のキャリア教育については，2006年度に文部科学省高等教育局の「現代的教育ニーズ取組支援プログラム（現代GP）」において，「実践的総合キャリア教育の推進」が新たなテーマとして加わることになり，多くの高等教育機関が応募し採択され，大学におけるキャリア教育が一気に普及することになる（寺田 2014：145）。筆者も2007年度に当時の所属先で取組責任者として応募し採択され，社会人基礎力の育成とその評価ツールの開発に取り組んだ。

5　日本的雇用システムの下での大学教育の現実解とコンピテンシー

　それでは，日本的雇用システムの下での大学教育の職業的意義とは何か。ここまでみてきたように，日本企業では，今のところ，メンバーシップ型雇用システムが維持されてきている。そのなかで，残念ではあるが，文系学部の場合，学部特有の

専門的能力が採用時の評価対象とはなりにくい。また，そのスキルによって入社後仕事がすぐにできるようになるかというと通常そのようなことはない。

　では，どのような能力であれば，職業的意義があるといえるのか。1つの現実解がコンピテンシーである。コンピテンシーとは，あえて日本語に訳せば行動特性となる。人の能力には知識や技能など鍛えれば目に見えてその能力の伸長を確認することができる能力がある。これらを総じて職業的スキルという。メンバーシップ型雇用システムでは，それらは企業に入社後企業が自らの手で社員に身に付けさせてきた。

　他方で，外からは見えづらいが，柔軟性のある学生時代に意識的に鍛えればしっかり身に付き，仕事の成果に結びつく重要な能力がある。それがコンピテンシーである。コンピテンシーには専門コンピテンシーとコア・コンピテンシーがあり，コア・コンピテンシーは扇の要に当たるコンピテンシーで，例えば，informing（情報を進んで分かち合える），monitoring（情報を集め状況をたえずモニターしている），problem solving（問題を見極め，分析し，解決する），team building（小グループで問題の建設的解決，協力関係を維持する）等々がある（太田 2000：47）。それは就職活動の過程で大きく評価されると同時に，企業に入社後，すぐに役に立つ性質の能力である。しかも大学教育を通じて育成することができる。このような能力であれば，その育成教育は，職業的意義があるものといえるのではないか。

　コンピテンシー育成の職業的意義について，もう少し詳しく触れておきたい。そのために，日本企業へのコンピテンシー人事制度の普及についてと，それが企業が従業員に求める成果につながる顕現能力となっていることについて確認する。

　そもそもコンピテンシーは高業績者に共通してみられる行動パターンのことで，アメリカで，1950年代に達成動機論としてそのベースとなる研究がスタートし，マクレランド（McClelland, D. C.）によって1970年代初頭に創始された概念である。アメリカでは，1980年代に入り一般の研究者の研究対象となり，1990年代に企業への導入が始まる。日本でも，外資系企業が本国に合わせていち早く導入を初め，日本企業でも2000年代初頭には情報収集期から導入期に入る（太田 2000：18）。

　しかしながら，当初，日本への導入においては，職務主義のアメリカの手法を能力主義の日本に移植するのはかなり難しいとの見方があった。メンバーシップ型雇用システムの日本では，企業組織内の職務間異動が前提で組織運営が行われており，例えば，経理部長から営業部長への配転を行おうとした場合，従来の日本の職能資格制度の下なら同一の職務遂行能力の持ち主としてまったく問題は生じないが，コ

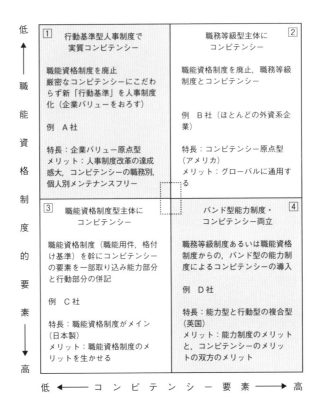

図8-1　職能資格制度を原点としたコンピテンシー導入の人事制度マトリックス
出所：太田（2000：128）

ンピテンシー人事制度を活用した場合，専門コンピテンシーがかなり異なるためすんなり異動させることはできなくなる。組織のいたるところで人事異動に支障をきたすことになる（海老原・荻野 2018：206–207）。

　この問題の突破口となったのが太田隆次である。太田はコンピテンシーの活用について日本語で初めて紹介した人物であるが，とりわけ，能力主義の職能資格制度と職務主義のコンピテンシー人事制度との折り合いをどうつけたらよいかを示し，多くの日本企業がコンピテンシー人事制度を導入する契機をつくった（海老原・荻野 2018：208）。太田は，図8-1のように，職能資格制度的要素を縦軸とし，コンピテンシー要素を横軸に配し，それぞれの要素の高低により4つの導入モデルを提示した（太田 2000：125–128）。

　[1]は職能資格制度も廃止し，厳密なコンピテンシー人事制度も採用しないモデル

である。そのかわりに企業のバリュー（価値観）を重視し，それを社員の行動基準に落とし込み，社員の人材開発や業績評価に活かすという方法である。

　②は職能資格制度を廃止し，コンピテンシー人事制度を導入するモデルである。職能資格制度を人事制度の柱としてきた日本企業の多くにとって最もハードルが高い方法である。

　③はベースは日本の職能資格制度となる。このモデルは従来慣れ親しんできた職能資格制度にコンピテンシー人事制度のメリットを加味するという方法で，職能資格制度を人事制度の柱としてきた日本企業の多くにとって最もハードルが低い方法である。

　④は職能資格制度とコンピテンシー人事制度とを重ねるモデルである。コンピテンシー人事制度を導入するにあたって，まずもって職務分類制度を採用していることが前提となる。そして，個々の職務ごとに必要なコンピテンシーを抽出し，レベルづけしていくことになる。ところが，細分化された職務を大ぐくりにまとめてしまうと（バンド化），等級の定義が能力に近づき，限りなく職能資格制度の等級の定義に似てくるので，職能資格制度に役割の考えを入れ，大ぐくり化することでコンピテンシー人事制度の導入ができる。

　実態としては，多くの日本企業はこの④の導入モデルを採用した。具体的には，ブロードバンド化により，これまでの職能資格制度で数多くあった階層を減らし，1階層当たりの厚みを増す。経理部長から営業部長への配転では，緩やかに等しければ異動を可とし，当然コンピテンシーとして足りない部分が出てくるが，そこを成果評価でマイナスとするという方法である。このコンピテンシー・成果評価の導入は，下方硬直性の高い職能資格制度・職能給に風穴を開けるものとなった（海老原・荻野 2018：208-210）。多くの日本企業にとって，コンピテンシーは成果に繋がる顕現能力となった。

　そして，このように日本企業にコンピテンシー人事制度が広がるなか，時期を同じくして，大学においても，キャリア教育の一環としてコンピテンシーの育成を始めることとなった。それが，上述の社会人基礎力の育成であり，基礎的・汎用的スキルの育成である。

　先にも述べたように，コンピテンシーには，コア・コンピテンシーと専門コンピテンシーがある。専門コンピテンシーについては，担当する職務役割に固有のコンピテンシーで，例えば，投資銀行財務部の企業担当者ならば，cordination（顧客の望む結果が実現するように，関連する一連の活動のコーディネーションを行う）の

ように（太田 2000：60），企業における職務役割の経験を通してレベルを高めていく必要がある。これに対して，コア・コンピテンシーは，特定の職務役割に依存しない多くの活動に共通するコンピテンシーである。それは，意識的に鍛えようと思えば，ゼミでの活動でも，サークルでの活動でも，アルバイトでも，多くの活動場面でレベルを高めていける能力といえる。

6 コンピテンシー育成のための実践例

　本節では，筆者のゼミナール（以下，代田ゼミ）でのコア・コンピテンシー育成のための実践例を紹介する。代田ゼミでは，2016 年度から 2020 年度まで，佐世保市商店街連合会（以下，市商連）と連携し，市商連傘下の個店等の改善支援の取組を行ってきている（表8-1）。その目的は，一義的には学生のコア・コンピテンシーの育成である。対象個店等は毎年度変わり，改善課題も対象個店等により様々であるが，求められる能力（コア・コンピテンシー）は，コミュニケーション能力であり，課題発見力であり，課題解決力であり，チームビルディングである。

　具体的には，毎年度，6 月〜9 月にかけて，佐世保商工会議所を通じて，市商連傘下の個店等に対し，学生の協力を得て自店を改善することを希望する個店等に募集をかける。応募があった個店等にヒアリングを実施し，課題を見つけ，アンケート等の調査を実施し，解決案を提示し，いっしょになって改善を図るというものである。

　表 8-1 は代田ゼミでの取組の一覧である。ここでは，とりわけ，学生のコア・コンピテンシーの伸長に効果があったと考える①と④の取組について紹介する。

1　老舗日本料理店での取組

　最初に取り組んだ個店は表 8-1 中の①の老舗日本料理店である。佐世保駅と四ヶ町商店街の間にあり，佐世保駅からも四ヶ町商店街からも徒歩数分の立地としては申し分ないところにある。ここでの課題は若者の日本料理店離れであった。高級感があり，20 代〜30 代の比較的若い年齢層が暖簾をくぐるには少々躊躇われる店舗であった。社長の意向としては若者らしい常識に囚われない発想で改善案を提案して欲しいとのことであった。

　学生たちは，社長からのヒアリングを踏まえ，まずは，調査の基本に忠実な，いわば総花的なアンケート調査案の提案を行った。これに対し，社長は長年の経営感

表 8-1　代田ゼミでの取組

出所：筆者作成

	年度	対象個店等	業態	商店街等
①	2016 年度	いけ州 博多屋	老舗日本料理店	三浦町
②	2017 年度	いづみや	衣料品店	俵町商店街
③	2018 年度	素肌サロン YOU 四軒目食堂	化粧品販売店 飲食店	下京町 とんねる横町
④	2019 〜 2020 年度	くっけん広場	まちの駅	四ヶ町商店街

覚からそのような調査から常識に囚われない改善案が生まれるとは思えないとアンケート調査案の再考を求めた。いきなり出鼻を挫かれた学生たちは取組に対する本気度を問われることになった。

　学生たちは，当時，流行していた「インスタ映え」しそううなインパクトメニュー（具体的には海鮮丼）をランチメニューに入れることで若い世代に老舗日本料理店を身近に感じてもらうことを提案した。そして，それを念頭に，若い世代を対象に街頭で海鮮丼の価格やネタ等についてのアンケート調査を行い，その結果と学生の意見をもとに，試作品を 3 パターン作成してもらった。試作品は老舗日本料理店らしく非常に上品で美味しそうに出来上がった。試食するとともに，写真をとり，やはり若い世代を対象に街頭で人気度と価格についてアンケートを実施した。上品で美味しそうではあるが，若者にインパクトを与えるものではなかった。

　その後，「今どきの海鮮丼（人に見せたくなる，いろんな味が楽しめる，おしゃれな器）の開発」という方向性を決定し，試作を重ね，海鮮丼と天丼を組み合わせた「ハイブリッド海鮮丼」を開発し，期間限定で販売まで漕ぎつけた。熱い海老の天ぷらと冷たいお刺身を同居させたり，具材がはみ出るような盛り付けをすることは，老舗日本料理店ではタブーであるがそこを押し切った。

　当初の売り上げは，長崎県立大学と老舗日本料理店のコラボレーションということで多くのテレビや新聞で取り上げてもらったにもかかわらず，結局 1 日 1 食程度で，注文客層も 50 〜 60 代が中心であり若者へのアピールとはならなかった。

　その後，原因を究明し改善策を考え，再度，期間限定で販売を行った。商品そのものは評判がよかったが，価格が高めであること，若者に情報が届いていないことが主要な原因であることがわり，多くの若者のフォロワーをもつ佐世保の飲食紹介アカウントに協力してもらい，老舗日本料理店紹介とクーポンを拡散してもらうようにした。すると，1 日 20 食限定のところ，期間中の平均注文数が 1 日 18.6 食とほ

ぼ完売に近い数字となった。注文客層も 20 〜 30 代が中心となり，明らかにこれまでと違う若い新規客層にアプローチできた。

　この取組では，当初の大きな課題は店側から与えられたものであったが，最初に出鼻を挫かれるところから始まり，いくつもの壁（課題）に突き当たり，その都度，アンケートや試作，データの分析，情報収集等を行い，段階的に改善の精度を高めていっていることが見て取れる。残念ながら，コンピテンシー評価ツールで測定はしていないので，客観的な数値として記述できないが，彼らの行動様式の変化からそのコア・コンピテンシー，とりわけ，課題発見力や課題解決力は高まっていると推察できる。

2　四ヶ町商店街まちの駅での取組

　ここでは，表8-1 中の④のまちの駅での取組を紹介する。このまちの駅は四ヶ町商店街の入り口から比較的近いところに位置し，「くっけん広場」の名称で親しまれている施設である。ここでの取組は，その内容においてこれまでの取組を一段超える実践例となる。というのも，2018 年度までの取組は個店等の課題改善の域を出ていないが，このまちの駅の取組は新規事業の立ち上げを含むものとなったからである。

　ここでは課題発見から取組がスタートした。まちの駅に行き，まず，しっかり施設を観察してみて，どんな問題点があるのか，また，どんな資源があるのかを整理，検討するところから始まった。

　まちの駅は，もともと銀行の店舗だった建物を四ヶ町商店街組合が借り受けて運営をしている。1 階にカフェが入り，2 階と 3 階は貸しスペースとなっていた。ただ，貸しスペースといってもそれほど頻繁に需要があるというわけではなかった。学生は，観察とアンケート調査，インタビュー調査から，いくつか課題を発見する。建物の外壁にチラシや案内等が雑然と貼られており何の施設か非常にわかりづらい。中に入っても，カフェなのか，休憩施設なのか，物品販売施設なのか，やはりわかりづらい。若い世代の利用者がほとんどいない。2 階と 3 階の貸しスペースが十分利用されていない，等々である。

　これを踏まえ，さらに，アンケート調査やインタビュー調査，四ヶ町商店街組合関係者等への提案・説明を重ね，最終的に，次の 4 つの改善策を提案することとなった。すなわち，①高校生向けの自習室の設置（2 階），②期間限定のケーキの提供（カフェのメニューの一部として），③室内設置型のコインロッカーの導入（1 階），

④入口の案内掲示の改善である。

　もう少し詳しくみていくと，①高校生向けの自習室の設置（2 階）については，高校生へのニーズ調査を踏まえ，図書館は席の確保が難しいこと，また，飲食施設は長時間の勉強には向かないこと，さらに高校生は勉強施設に充電設備と Wi-Fi 環境も望んでいること等から，図書館や飲食施設とは明確な差別化を図った，使い勝手の良い高校生向け勉強施設の設置を提案することとなった。

　②の期間限定のケーキの提供（カフェのメニューの一部として）については，街頭アンケート調査から，くっけん広場の利用目的としてカフェの利用が多いことが分かり，カフェのさらなる利用を促すため，新たなカフェメニューとして市内ケーキ人気店とコラボレーションした新作ケーキを提案することとなった。

　そして，③室内設置型のコインロッカーの導入（1 階）については，ニーズ調査で，一定の需要が見込めることから提案に至った。

　最後に，④入口の案内掲示の改善については，アンケート調査で，くっけん広場に足を踏み入れたことがない理由として，「どういった施設なのかわからない」という意見が多くみられたため，より多くの人の目に留まり，入ってみたくなる工夫が必要だと考え，提案に至った。現状の入り口付近の掲示は，ショップやカフェの案内が雑然としていて，どこに目を向けたらよいか分からない状況であるので，掲示するものの数を整理し，1 つにまとめた掲示板を作成したほうが良いということになった。

　これらの提案については，すべて実現され，期間限定の②を除けば，現在も運営が続いている[1]。これらのうち，とりわけ，①と③は新規事業の立ち上げとなり，既存事業の改善とは投入エネルギーのレベルが格段に違ってくる。学生がこれまで考えたことのない実践的な管理・運営について学ばざるをえなくなる。例えば，コインロッカーの設置については，管理・運営全般はもちろん，利用規約はどうするか等々，様々なトラブルを想定しあらかじめ対応策を考えておく必要がでてくる。自習室についても同様で，未成年の高校生が主要な対象となると何かトラブルが生じたときのために親の同意書を取っておく必要があるのでは，自習室にマンパワーが配置できないとすると管理はどのようにすべきか，といった問題が突然押し寄せてくることになる。

1）させぼ四ヶ町商店街の HP にて，自習室の案内がアップされている〈https://yonkacho.com/3063/（最終確認日：2022 年 12 月 12 日）〉。

この取組では，学生は，前年度までの取組に比べ，一段レベルが高いコア・コンピテンシー（とりわけ，課題発見力や課題解決力）を身に付けることができたのではないかと考えている。この取組にかかわった学生のなかには，卒業論文で，コインロッカーの売り上げを上げるにはどうすればよいかについて考察する学生も出てきた（坂下 2022）。また，この取組の責任者となったゼミ長の学生は佐世保商工会議所の月刊冊子のインタビューで「大変だったことは？」と問われ，次のように答えている。

> 改装計画を提案しただけで終わるのではなく，決められた予算の中で，学生の中から出た計画案に優先順位をつけて，何から取り掛かるか，今出来る事と出来ない事を整理しながら，商店街関係者の皆様とゼミ生から出た意見をまとめるところが難しかったです。（佐世保商工会議所 2021：10）

ここから，単なるコミュニケーション能力に止まらず，関係構築力，交渉力，葛藤解決力，そしてプロジェクト管理力といったコンピテンシーが発揮されていることが読み取れる。

7 おわりに

1 節でも触れたが，経団連は日本的雇用システムを見直し，「自社型雇用システム」の確立に向けた検討をしていくことを提唱している。その際の視点として，第1に，新卒一括による採用割合の見直し等の「採用方式の多様化」，第2に，「ジョブ型雇用の導入・見直し」，第3に，賃金制度の年功的運用から仕事や役割，貢献度を基軸とする制度への移行を加速する等の「エンゲージメントを高める処遇制度」，そして，第4に，中途・経験者枠やジョブ型雇用区分で採用した社員に対する適正評価やキャリアパスの設定等の「人材育成とキャリアパス」を挙げている（経団連 2022：32-37）。

1 国の雇用システムは，採用から処遇，人材育成，そしてキャリアパスに至るまですべてが一体的である。メンバーシップ型雇用システムでは，新卒一括採用やOJT による企業内教育訓練，職能資格制度，職能給等々は一体的である。ジョブ型雇用システムも同様で，欠員補充採用，企業外での教育訓練，職務分類制度，職務給等々は一体的である。経団連の視点が一体的なものになっているのはその本気度

の証左といえる。

　振り返れば，日経連・経団連の方向性の提唱は日本的雇用システムの転換の大きな節目となってきた。1960年代の日経連の『能力主義管理——その理論と実践』は日本的雇用システムすなわちメンバーシップ型雇用システムへの転換の契機となった。また，1990年代の日経連の『新時代の「日本的経営」』は非ホワイトカラー職種の非正規化の流れを作り出す契機となった。とすれば，ここ数年の，経団連によるジョブ型雇用システムへの転換の提唱も遠からずその実現へと進んでいくことが予想される。

　将来的には，ジョブ型雇用システムへの移行により，大学（文系学部）も本格的にその職業的意義が問われることになるであろう。ただ，当面の大学が果たせる職業的意義としては，コンピテンシーの育成となる。そのためにも大学における実践的教育の重要性をあらためて強調しておきたい。

【引用・参考文献】

海老原嗣生・荻野進介（2018）.『人事の成り立ち——「誰もが階段を上れる社会」の希望と葛藤』白桃書房

太田隆次（2000）.『日本企業の復活 コンピテンシー人事——活用の仕方』経営書院

坂下　優（2022）.「四ヶ町商店街におけるコインロッカー事業の成功要因」（卒業論文）

佐世保商工会議所（2021）.『月刊させぼ商工マガジン』745.

代田義勝（2019）.「未就職卒業者とキャリア教育」長崎県立大学経営学部編集委員会『これからのビジネスと地域——経営学部』長崎文献社, pp.240-249.

新・日本的経営システム等研究プロジェクト（1995）.『新時代の「日本的経営」——挑戦すべき方向とその具体策』日本経営者団体連盟

寺田盛紀（2014）.『キャリア教育論——若者のキャリアと職業観の形成』学文社

日本経営者団体連盟［編］（1969）.『能力主義——その理論と実践』日本経営者団体連盟広報部

日本経済団体連合会［編］（2020）.『2020年版経営労働政策特別委員会報告——Society 5.0時代を切り拓くエンゲージメントと価値創造力の向上』

日本経済団体連合会［編］（2021）.『2021年版経営労働政策特別委員会報告——エンゲージメントを高めてウィズコロナ時代を乗り越え，Society 5.0の実現を目指す』

日本経済団体連合会［編］（2022）.『2022年版経営労働政策特別委員会報告——ポストコロナに向けて，労使協働で持続的成長に結びつくSociety 5.0の実現』

濱口桂一郎（2013）.『若者と労働——「入社の仕組み」から解きほぐす』中央公論新社

本田由紀（2005）.『若者と仕事——「学校経由の就職」を超えて』東京大学出版会

本田由紀（2009）.『教育の職業的意義——若者，学校，社会をつなぐ』筑摩書房

第9章

現代の教養教育にもとめられるもの

古河幹夫

1 はじめに

　グローバルにみてもローカル（地域的）にみても，次々と生起するさまざまな事象を相関的・統合的にとらえて将来の展開を把握することが困難な状況がある。それぞれの問題には専門家がおり専門的な情報へのアクセスも以前と比べれば容易になったとはいえ，全体像を得ることがむずかしくなっている。部分知でなく全体知が必要である。全体知の基礎となる幅広い知見・知恵が求められ，教養教育の強化が大学関係者だけでなく社会や産業界からも望まれている。

　現代における教養とは何か，大学の教養学部での経験を有する識者を中心に考察や提言がなされており，日本学術会議も提言を発表している。たとえば筒井清忠は，高等教育における教養には，1. 専門に対する基礎としての教養，2. 幅広い知識としての教養，3. 文化の習得による人格の完成という意味での教養という3つの意味があるという（筒井 1995）。また，斎藤兆史は，現代における教養を支える理念として，1. 知的技術，2. バランス感覚，3. 人格にかかわる倫理とくにその中核となる「善」を挙げている（斎藤 2013）。筆者は地方大学の経済学部教員として大学教育に関わってきた経験があるが，あくまで専門科目が主担当であり，教養教育に関して論ずる資格があるとは自認していない。だが，在職中に学生部長や副学長を経験し職務上「全学教育」（一般教育に該当）の改革・構築および科目担当に関与し，その過程で大学における教養教育について思索・考察することになった。地方公立大学における実情を踏まえて，教養教育の在り方や質的向上について以下考察してみたい。

2 市民的教養

　さしあたり「市民的教養」というと，社会生活を営む際に様々な人々と意思疎通を図るうえで最低限必要な常識と理解されるだろう。ハーシュ（Hirsh）は1980年代以降のアメリカ社会で文化常識（文化に関するリテラシー）の不足が，人々の協同活動や公民活動の阻害要因になっているという認識のもと，すべてのアメリカ青年に必須の基礎教養を提言している（ハーシュ 1989）。日本学術会議の提言は，育成すべき市民的教養を，「3つの公共性——市民的公共性，社会的公共性，本源的公共性——の活性化とその担い手となりうる市民としての教養」としている（日本学術会議 2010）。この市民的教養は，ある社会の成員として知っておくべき知識群，上記ハーシュが提言するような必須の文化常識に限定されるものではなく，「学問知，技法知，実践知という3つの知」を核とするものとされる。専門家が提供する情報・知識を理解でき，それを自分の生活や職業にも関連するものととらえ，必要があれば意見を述べたり共同の活動やプロジェクトに参加する，能動的な市民に必要な教養である。

　では，能動的な市民とはどのような市民像なのであろうか？　Civility を備えた市民として，たとえば社会学者のシルズ（Shils）は civility を「共通善の可能性を肯定する信念」「社会全体のため，社会成員すべての善のための行為に現れる徳」「社会秩序維持に関する含意が利害や理念の対立と並んで存在すべきだということを推奨する個々人の態度」であると定義している（Shils 1997）。たんに市民社会の成員であるというだけでなく，ある態度，感覚をもった市民であることが望まれる。それはシティズンシップ教育として議論されてきたことでもある。

　市民として期待されるある態度や感覚に先だって，市民としての地位の理解が重要である。この地位とは市民社会の成員であるための一連の権利と義務からなるが，この領域で広く参照されるマーシャル（Marshall, T. H.）は，シティズンシップを"コミュニティのすべての人に等しく与えられる地位"と定義し，近現代社会における市民的権利の発展は歴史的に市民的権利，政治的権利，社会的権利という3つの種類を含むという認識を提示した。ここに市民的権利とは主に18世紀に発展した"人身の自由，言論の自由，思想と信条の自由，財産を所有し契約を結ぶ権利，裁判を受ける権利"等である。そして19世紀および20世紀初頭に発展した政治的権利に続き，おもに20世紀に発展した社会的権利とは"最低限の経済的福祉と保障への権利から，社会的遺産を十分に享受する権利，社会の支配の基準に見合う文化的生

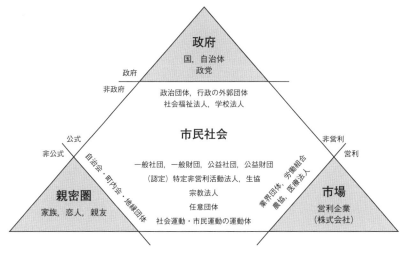

図 9-1　政府，市場，親密圏と市民社会
出典：坂本（2017：2）

活を営む権利までの範囲全体"を含むものである（ビースタ 2014：13）。

　市民が構成する「市民社会」は社会と同じものであるのか，あるいは別のもので
あるのだろうか？　「市民社会」はそれ自体が考察の対象となる議論の多い概念で
ある。マイケル・エドワーズによれば，市民社会には３つのアプローチがあり，社
会の一部としての市民社会，一種の社会としての市民社会，公共圏としての市民社
会という定義が鼎立しているという（エドワーズ 2008）。標準的なテキストの一種
によれば，「市民社会」は「政府」「市場」「親密圏」との対比において把握される
（図 9-1 を参照）。

　近代市民社会の原型はファーガスン（Fergusun, A.）やアダム・スミス（Smith,
A.）らによって構想・描写されたとされる。主体の自由な経済行為の分業と相互作
用のなかでいわば「意図せざる結果」として調和的な状態がもたらされる体系で
あり，なにより富をもたらすメカニズム，「洗練された商業国家」（ファーガスン
2018）であった。だが，ファーガスンはとくに「公共の事柄からの隠遁や人類に対
する真の無関心が中庸の徳として称賛を博する」（ファーガスン 2018：377）ことに
憂慮を示した。公共生活の衰退，政治的無関心，社会的紐帯の弱化が課題としてそ
の後何度も指摘されることになる。

　「政府」「市場」「親密圏」との対比において観念される「市民社会」は決して静態

的なものでなく，政府部門の拡大，官僚化の進展，経済活動の組織化などの過程を
へて，リベラリズム（この原理は近代社会に最も親和的である）も「公民的リベラ
リズム」「経済的リベラリズム」「社会的リベラリズム」の各ベクトルの力学に応じ
て変容を被ることになる（ローゼンブラット 2020）。市民の「地位」もその変容の
影響から逃れることはできない。

　清水真木は，家庭の秩序，職場の秩序，政治の秩序という3つの生活空間を統
合する視点，公共圏と私生活圏を統合する生活能力を教養と定義している（清水
2010）。上記で斎藤が「バランス感覚」と称することと通底するだろう。日本学術会
議の提言では市民的教養として公共性が重視されているが，そこには現代社会とり
わけ日本での政治文化の現状をふまえた，健全な市民社会形成をめざす規範的な意
向が表明されていると考えられる。

　シティズンシップ教育の取組において先駆的な欧州の経験を考察して，ビースタ
（Biesta, G.）は教育的観点からすれば，①市民の社会的・道徳的責任，②コミュニ
ティへの参加，③政治的リテラシーの3つの要素が必要であるとする。その内容は
必ずしも議論のないものではなく，力点の置き方にも幅がある。能動的な市民を具
体的にイメージするために，たとえば市民による食料の寄付という協同行動・プロ
ジェクトを事例にして考えてみる。ビースタは「参加的な市民というのが食料の寄
付を組織することであり，自己責任にもとづく市民が食料を寄付することだとすれ
ば，正義に方向づけられた市民というのは，なぜ人々が空腹なのかを問い，彼らが
発見したことがらをもとに行動することである」と説明している（ビースタ 2014：
64）。

　この例示に照らしてみたとき，能動的な市民とはたとえば政治活動や NPO・
NGO 活動に没頭するようなイメージに限定されるわけではなく，社会のさまざま
な問題に積極的に関心を寄せて自分なりにできることをすすんで行う，あるいは協
力するといったそれほどハードルの高くないイメージが浮かぶのではないだろうか。

　筆者の大学での事例を紹介したい。長崎県立大学（以下，本学と記載することも
ある）の地域創造学部実践経済学科（130 名）では3年次に約4週間の企業インター
ンシップを義務づけている。地元の約50社が受け入れに協力してくれており，その
内容は長期就業体験からプロジェクト型まで受け入れ企業の要望や体制に応じて幅
がある。コロナ禍という事情でゼミ生全員が同一の企業で座学あるいはオンライン
でのインターンシップとなった年度であった。筆者の3年ゼミ生12名は地元の西
海みずき信用組合にて研修をすることになった。所定の研修を修了するころ，この

信用組合は地域貢献活動にも取り組みたいというかねてからの意向があり，「学生食堂」というプロジェクトを 12 名の学生に提案した。西海みずき信用組合が地元企業に協賛を呼び掛けて，コロナ禍でアルバイト収入が激減あるいは消失した学生に無料ないし安価で食事ができる仕組みを広げようとしたのである。筆者はゼミ生数名からこの件で相談を受けた。このプロジェクトを広げ持続的なものにするためにはどうすればいいかといった趣旨であった。筆者の退職間際のころでもあり，継続的な関与は困難であったため，少しばかりの助言をもって激励するにとどまった。当初西海みずき信用組合から打診されたゼミ生は賛同学生を増やし，地元の異業種交流会などでこのプロジェクトへの支援を呼び掛けるなど活動を継続させている。

　この事例はやや偶発的なものといえようが，シティズンシップ教育の素材は案外と身近にあり，工夫によってさまざまな取組が可能であると思われる。

3 人格の陶冶（あるいは倫理観の確立）

　大正時代の旧制高校から戦後 70 年代までの大学での教養主義を分析した『教養主義の没落』において竹内洋は，教養主義はエリート学生にとって規範であったが，非エリート青年にとっては修養主義がその代替物であったとしている（竹内 2003）。青年時代に人格の向上につとめ，生きていくうえでの規範をとくに読書を通じて確立しようとする努力は，広く教養を身に付けることと理解されてきた。村上陽一郎はそれを「規矩」という言葉で表現して，教養の核心であるといっている。「"教養ある"とは，人間が仲間内で静穏に生きていくために弁えておくべき行動習慣を実践できること」（村上 2021）。

　人格の陶冶を教養のひとつの要素として語ることはそれほど違和感があるものではない。今なお企業人に支持されている渋沢栄一の『論語と算盤』は儒教的な修養の重要性を説いたものである。ただ，その理屈を一層深く考えてみると，道徳・倫理の教育という話になる。学校での道徳教育に不安・懸念をいだく教師（とくに小学校〜高等学校）は少なくないようであるし，そもそも「どのように行動すべきか」「何が善であるか」等は人それぞれであるうえに，状況によって一律でない，つまり正解がないような領域であるともいえる（苫野 2019）。しかし，大学の諸種の講義や演習における教師の言動を通じて，あるいは企業人等による講話のなかで，じつは道徳・倫理の理屈が説かれているといえる。

　道徳の主要な理屈として功利主義という考え方がある。もともと，人に「快」を

もたらす行為が良いこと＝「善」であり，「苦」をもたらす行為が悪いことであるというベンサムの理論が出発点になっている。ヒトとしての人間に共通の属性である「快苦」を善悪の基礎にする考え方は，普遍性を目指しており，根拠なき苦痛を最小にする「不幸最少」社会をめざす理念を支える倫理として今日的意義をもっている。ただ，肉体的には極めて苛酷で苦痛であるマラソン競技は「良いこと」の一つとしてなぜ多くの参加者を集めているのか？　アルコール摂取による快楽には抗しがたいものがあり多くの人々にとって「良いこと」の一つであるが，常習者が断酒しようとするさい，飲料による「快」を上回る「苦」を引き受けることは「良いこと」なのか？　ある行為が「良いこと」かどうかの判断は「快苦」を超えたところにあるのではないか。

　功利主義の考え方は洗練されていき，直接的な「快苦」ではなく，その人にとっての冷静に考慮された「利益」をもって善悪の判断の根拠とする考え方として一般に受け入れられている。社会全体の政策の良し悪しを判定する場合にも適用可能であり，経済学で広く用いられる費用便益の考え方，また医療・公衆衛生領域などで命の評価といった判断が求められる際も，倫理的基礎として功利主義がいきている（児玉 2012）。

　しかし道徳的判断を下す際，その行動の帰結のみならず動機も重要な要素である。一方，善き動機をもって行った行為が望んだ帰結に結びつくかどうかには，制御できない多くの要素も関連している。状況の制御困難性に鑑みてもあらかじめ人格を陶冶しておくことが重要である。損得を超えた行動基準，「利他性」といったことが日常的な道徳として観念されることもあり，徳の涵養は道徳の中心的な柱であった。「徳倫理」と称されるアプローチが功利主義に代わるあるいはそれを補うものとして説かれている（ハーストハウス 2014）。倫理学説としての徳倫理の内容を知らなくても，人格の陶冶，徳の涵養は青少年に論される教えとして身近にある。

　とはいえ，社会の通念やしきたりに縛られずに自由に生きたい，ありのままの自分で生きたいといった感情が若者のあいだにみられることは否定できない。それは多様な価値観・生き方の肯定とも呼応して，道徳に対する拒否的感情として存在する。そのような感情を有する青年に対しては，冷静な行動帰結を考慮することの大切さ，社会のルール順守の優先性など議論をつくせば理解をえられるだろう。だが，たとえば，変化が激しく予想困難な社会環境を生き抜いていくためには，一定の倫理観・道徳観を備えることは行動の柔軟性を縛ることになる，むしろ倫理・道徳的には中立的な人生観をもって臨むほうがよいといった，いわば戦略的な人生観[1]を

主張する立場にたいして，どのように答えるべきであろうか。

　そもそも人生観なるものは個人ごとに異なるものである。冒険を人生において追求すべき目的にしていて幾多の危険な状況にすすんで身を置こうとする人がいるが，安寧な生活を重視する庶民は冒険においてリスクをはらみつつ自らの限界に挑む高揚感を知ることはないだろう。ある信念・信条のために家族に犠牲を強いることになるかもしれなくてもその信念・信条を曲げない生き方を目にしても，家族との日常をなにより大切にする人には，そのような人にとっての信念・信条の重みを理解することはできないかもしれない。家業を継ぐことが運命づけられている若者にとって「職業選択の自由」とは，自分がやりたいことを探るために青春時代を彷徨する若者とはまったく違った意味しかないだろう。人生における重要な「善」はかくも人それぞれによって異なる。そして人生の目的を追求するなかで形成されていく人格もまた異なって来よう。警察や消防といった公序の領域で働きたいと思う若者と，福祉の分野に生きがいを見出す若者，またビジネスで活躍し経済的成功が達成の指標となる人生を夢見ている若者とでは，涵養すべき人格は同一ではないのではないか[2]？

　このような懐疑的な問いにもかかわらず，現代の教養を構成する倫理的な問いかけに賛同したい。歴史書をひもとけば，人間が隷属的存在としていとも簡単に利用され打ち捨てられた時代，生存と生活のほぼすべてが神への信仰に彩られていた時代，身分制のもとで枠の中を超えた人生が大きな冒険だった時代などと比べると，近現代社会は自立・自律的な生を基盤としている。これは近代が切り拓いた恩沢であると同時に一人ひとりにとって重い責務でもある。自己の自律は頭のなかあるいは真空のなかにあるのではなく，他者との関係性，社会環境における位置のなかに

1）アメリカ人の人生観を広くインタビューし，道徳的価値観との関連を探った著書において，ベラーたちは次のようなある弁護士の人生観を紹介している。「彼は，「堅い」道徳的規準などは個人の自由にとって邪魔物であり，そのようなものがあっては人生を楽しむことができないと主張する。……「人生を楽しむつもりなら，身軽に立ち回って個々の状況に身を合せるようにしなければなりませんよ。世の中に絶対なんてものはあまりないってことを知るべきです。生きることと死ぬこと。まあ，他にはほとんどない」。自由な自己でありたいというのなら，それは流動的な自己でなければならない。」（ベラーほか 1991：91）

2）人生における主要な善の強い多元性，しいてはそのような善の両立不可性について，政治思想家のアイザイア・バーリン（Isaiah Berlin）に言及がある。彼の思想の全体像については，Gray（1995）が参考になった。

現れる。社会構造が複雑化して，自立・自律は自助・共助・公助の網目に位置づけられねばならない。個人の努力と生来的な資質，実力と運・偶然性との関連といったことの理解を含むものである（サンデル（2021）など）。

近代的自我の哲学的基礎を詳細に考察したチャールズ・テイラー（Charles Taylor）は，近代的自己は前近代と比べると，自己が何らかのより大きな意味を有する宇宙的秩序から解放・切断されており，内面的な深みをもつものであり，また，個人としての性格において自分自身に誠実であれという命令，つまり自身の唯一性，本来性の意識を特徴とすると分析している（テイラー2010）。世俗的な時代であっても自己を超える大いなる存在の連鎖のなかにおける自己のありようを知ることへの欲求は存在する。このような時代において，自分の人生についての物語的理解，「探究としての人生」という観念が，変化する環境のなかでアイデンティティを操舵し，自らの行為と人生に意味を与えることに有効だろうと示唆する。

道徳を語ることは善良ぶる仕方を説教することと思われるかもしれない。あるいは，集団や社会の規則・慣習に従うよう説得することと理解されるかもしれない。そのような要素もあるが，道徳的責務には可能態としての人間であればこそ感受する「良心への呼びかけ」[3] がある。倫理観の確立のためにはこのような「呼びかけ」がなされることが必要である。

4 幅広い知識

専門分野にとらわれない広い知識，とくに読書を通じてさまざまな領域に知見をもつことが教養のメルクマールとして指摘される。大学のカリキュラムとの関連では「専門科目の基礎としての一般教養」という捉え方である。大学の一般教育科目の改変に携わった経験からすると，専門科目の基礎としての教養という把握と，上述のように市民育成にとっての教養という把握には少なからずアプローチの違いが

---

3) ベルグソン（Bergson, H.）は，道徳の二つの源泉を省察した書において，社会的な圧力から発するものとより高い生き方への憧憬から発するものがあると述べている。前者は，社会秩序を維持するためルールや慣習に従うよう命令することであり，後者は「我々が自分のうちなる人間的品位の前で頭を下げ，自己尊敬によって行動している」とつぶやく時に内心に湧き上がってくる感覚，進歩の感情が含まれるものという。それは「人類のなかにあった最良のものを代表する人物たちによって我々各自の良心に向かって発せられた呼びかけ」でもあるという（ベルグソン 1941：42）。

ある。たとえば長崎県立大学の場合5学部9学科があるなか，とくに看護学科や栄養健康学科では国家試験合格という目標があるため，一定年限で効果的に学修する必要から教養科目に充てられる時間数が限られており，専門教育に必要な限りでの教養教育というニュアンスが強い。当然学部・学科ごとに異なる一般教育科目という方向性が出てくる。他方，分野は違えども21世紀の市民育成のための教養教育という観点からは諸学部共通の一般教育という方向性が導き出される。

　国際基督教大学の学長を経験しリベラルアーツ教育について積極的に発言している絹川政吉（2018）は，表9-1のような一般教育カリキュラム案を提示している。

　長崎県立大学で2021年度からスタートした全学教育（＝一般教育）はどちらかといえば後者の観点を強化して表9-2のような科目編成に改変した。

　この改変にあたり，幅広い現代的教養をカバーするために，芸術関連科目を新設しようとか，現代のグローバル社会を理解するために既存科目のなかにイスラム文化・宗教に言及するものがあるのだろうかという議論が出た。だが，全学で一教室450名の学生を対象に遠隔授業で行う可能性があるという前提では，専任教員のなかで科目担当者を確保することが困難であった。非常勤講師に委嘱することも選択肢としてあったが，講師を九州北部地域から確保できればいいが，関東・関西の非常勤講師に依頼するとなると集中講義の形態にならざるをえず，新規設定できなかった。本学の全学教育科目体系は上記絹川の私案に照らしてみるとサイエンスの領域が手うすい。また，本来であれば専門科目として設置するのが適切であるが，

表9-1　「21世紀における一般教育」カリキュラムの枠組み

出典：絹川（2018：196）

科学・技術リテラシー
統計理論
グローバルな変化研究：非線形システム理論
生態学―カオス・モデル
生命システム理論―量子物理学
一般システム理論―非線形システム力学，サイバネティクス
地球環境論
脱産業社会における経済学・政治学・社会学
国際関係論・平和論・人口論
哲学・心理学・倫理・思想再考
テクノロジー論
デカルト主義批判，第二パイデイアの探究（人間存在論）
総合演習「科学・技術・社会（STS）論」

表9-2 長崎県立大学 全学教育科目（2021年度以降）
出典：長崎県立大学 学生便覧（2021年度）

区分	科目
サイエンス・リテラシー	化学，物理科学，生物科学，科学史，生活とサイエンス，数学
データ・リテラシー	統計学，データサイエンス入門，情報処理演習
コミュニケーション・リテラシー	コミュニケーション実践学，文章表現（ライティング），対人関係論，共生社会のキャリア，教養セミナー
ヒューマン・リテラシー	日本史概説，西洋史概説，東洋史概説，人文地理学，哲学，倫理学，人類生態学，心理学，文学，ライフスポーツ，現代人とスポーツ，健康と科学，運動と栄養，食文化論，暮らしの中の救急法，生活と社会保障制度
社会リテラシー	日本国憲法，民法入門，現代社会と政治，現代社会と経済，現代社会の課題，キャリアデザイン，ボランティア活動
長崎リテラシー	長崎と文化，長崎の歴史と今，長崎と平和，長崎のしまに学ぶ，しまのフィールドワーク
外国語	英語，中国語，韓国・朝鮮語，フランス語，ドイツ語
留学生科目	日本語

学部の事情で全学教育科目のなかに組み入れている科目があったり，教職科目として設置しなければならないため全学教育科目のなかに置いている科目があったりと，大学固有の事情もあり，必ずしも教養科目として一貫した構成にはなっていない。「長崎のしまに学ぶ」と「しまのフィールドワーク」は本学の看板にもなっているユニークな科目であり，また，「教養セミナー」は数年かけて全学をあげて統一テキスト作成にこぎつけた努力の賜物である（本書第1章を参照）。

　幅広い知識としてどの程度の教育科目群が望ましいのか？　科学・学問の発展にともなって全体像を理解することは個々の研究者や大学教員にとってさえますます困難になりつつあるが，大学での教育現場に一時休止がない限りは何らかの体系を示していく必要がある。それぞれの学部教育を前提にしたうえで，総合的な知の体系はなにかという点について議論を深めることが求められよう。

5 教養教育を充実させるために

　以上みてきたように，現代の教養教育には重要な意義があることを認めたとして，大学において教養教育を強化・充実させるうえで制度上の問題，担当者の問題など

がある。自らの専門性に関連した教養科目を担当するのならまだしも，市民育成や人格涵養にかかわる教育を誰が担当できるのか？　かつて新渡戸稲造は『修養』という書物を著し東京帝国大学総長として，そのような講義を担当し，学生個々人との面談にも力を注いだというが，広い知識を有し道徳的な講話ができる教員がどの程度存在するのだろうか。とはいえ，現在の制度的条件のもとでも教養教育を充実・強化するいくつかの案を提示したい。

　一つには，教養教育の位置づけについて大学教職員のあいだで議論を深めることが重要であろう。学術会議の提言は，「教養の形成とその形成を主目的とする教養教育は，一般教育に限定されるものでなく，専門教育も含めて，4年間の大学教育を通じて，さらには大学院での教育も含めて行われるものであり，一般教育・専門教育の両方を含めて総合的に充実を図っていくことが重要である」（日本学術会議2010）とする。長崎県立大学の学部学科改組においては，「実学的・実践的な学び」を中心的理念に議論し，地域社会との関連にも配慮をはらったが，教養教育をどのようにするかという点は残念ながら十分に議論を尽くせなかった。先送りされた形になり，その後全学的な教育理念として「KEN-SUN 力——長崎と Nagasaki，知識と知恵，尊重と主張，想像と創造，挑戦と継続，自立と自律」を制定するにいたったが，「教養教育の一翼を担う"専門教養教育"」などの提案については必ずしも理解を深められていない。個々の教員は専門領域の研究者・教育者であることに強いアイデンティティを有している現状において，さらに深い議論が必要であろう。

　二つ目に，キャリア教育の充実が教養教育強化のひとつの具体的な方策ではないだろうか[4]。本学において「キャリアデザイン」は就職支援，社会人基礎力育成を狙いとした科目としてスタートし就職課が管轄していた。筆者は副学長の職にあったとき，「キャリアデザイン」という科目の責任者となり，数回の講義を担当することになった。一回は職業観の育成を狙いとして，学生諸君に身近な人（家族，親戚，アルバイト関係など）に働く苦労・やりがい等をインタビューする課題を出した事例がある。2年生百数十名の受講生であった。インタビューした内容を文章にして，5名程度のグループで相互に発表しあい，意見交換した。その後，受講生全員にも紹介したいインタビュー・レポートを小冊子にまとめて討論資料とした。いずれも胸をうつ内容であった。学生にとって，父親や母親が，必ずしも望んだ職種ではな

---

4)「教養とは，生きる意味であることを考えれば，キャリア教育の思想は教養教育の思想に重なる」（絹川 2015：200）

かったが子どもの学費のため，あるいは顧客の感謝の言葉を支えとして仕事を続けてきたといった話は，一般論としては承知していても身近な人物の肉声として聞く場合，社会人として大学を出るまえに職業観を問いかける貴重な機会となったのである。

　三つ目は，学生は正規の授業以外に部活動・サークル活動やアルバイトや友人との交友などさまざまな経験を通じて仲間をつくり，他者や社会へのかかわりをもち，自ら学び考え自省し，諸能力を高め，教養を培い，自己を形成している。「教養」とは，備えているにこしたことがないが閑暇の余裕あるものしか手に入れることができないものなのか，それとも，羅針盤のないこの世界でよりよく生きていくために必要なものなのか。学生自らが自己形成の目標として教養の習得をさだめ，さまざまな機会を通じて自覚的に自己教育に取り組むことが重要である。

【引用・参考文献】

エドワーズ, M.／堀内一史［訳］(2008).『「市民社会」とは何か——21 世紀のより善い世界を求めて』麗澤大学出版

オスラー, A., & ヒュー, S.／清田夏代・関芽［訳］(2009).『シティズンシップと教育——変容する世界と市民性』勁草書房

河野哲也 (2011).『道徳を問いなおす——リベラリズムと教育のゆくえ』筑摩書房

絹川正吉 (2015).『「大学の死」，そして復活』東信堂

絹川正吉 (2018).『リベラル・アーツの源泉を訪ねて』東信堂

児玉　聡 (2012).『功利主義入門——はじめての倫理学』筑摩書房

斎藤兆史 (2013).『教養の力——東大駒場で学ぶこと』集英社

坂本治也 (2017).『市民社会論——理論と実証の最前線』法律文化社

サンデル, M.／鬼澤　忍［訳］(2021).『実力も運のうち——能力主義は正義か？』早川書房

清水真木 (2010).『これが「教養」だ』新潮社

竹内　洋 (2003).『教養主義の没落——変わりゆくエリート学生文化』中央公論新社

筒井清忠 (1995).『日本型「教養」の運命——歴史社会学的考察』岩波書店

筒井清忠 (1997).『新しい教養を拓く——文明の違いを超えて』岩波書店

テイラー, C.／下川　潔・桜井　徹・田中智彦［訳］(2010).『自我の源泉——近代的アイデンティティの形成』名古屋大学出版会

戸田山和久 (2020).『教養の書』筑摩書房

苫野一徳 (2019).『ほんとうの道徳』トランスビュー

新渡戸稲造 (2017).『修養』角川書店

日本学術会議 (2010).「提言 21 世紀の教養と教養教育」〈https://www.scj.go.jp/ja/info/kohyo/pdf/kohyo-21-tsoukai-4.pdf（最終確認日：2022 年 7 月 8 日）〉

ハーシュ, E. D.／中村保男［訳］(1989).『教養が，国をつくる。——アメリカ立て直し教育論』TBS ブリタニカ

ハーストハウス, R.／土橋茂樹［訳］(2014).『徳倫理学について』知泉書館

ビースタ, G. ／上野正道・藤井佳世・中村清二［訳］(2014).『民主主義を学習する――教育・生涯学習・シティズンシップ』勁草書房

ファーガスン, A. ／天羽康夫・青木裕子［訳］(2018).『市民社会史論』京都大学学術出版会

藤田英典 (2010).「現代の教養と教養教育の課題」『大阪市立大学大学教育』*8*(1): 21-29.

ベラー, R. N., マドセン, R., サリヴァン, W. M., スウィドラー, A., & ティプトン, S. M. ／島薗進・中村圭志［訳］(1991).『心の習慣――アメリカ個人主義のゆくえ』みすず書房

ペリカン, J. ／田口孝夫［訳］(1996).『大学とは何か』法政大学出版会

ベルグソン, H. ／平山高次［訳］(1941).『道徳と宗教の二源泉』岩波書店

村上陽一郎 (2009).『あらためて教養とは』新潮社

村上陽一郎 (2021).「知識の豊かさが本質ではない」『中央公論』*135*(8): 30-37.

吉見俊哉 (2020).『大学という理念――絶望のその先へ』東京大学出版会

ローゼンブラット, H. ／三牧聖子・川上洋平・古田拓也・長野　晃［訳］(2020).『リベラリズム――失われた歴史と現在』青土社

Gray, J. (1995). *Isaiah Berlin.* London: HarperColins.

Shils, E. (1997). *The virtue of civility: Selected essays on liberalism, tradition, and civil society.* Indianapolis: Liberty Fund.

あとがき

　春はツバメが巣作りにやってくる。梅雨には，たくさんのカニがお出まし。夏は，突き抜ける青く透明な空。そして冬，木枯らしが通り過ぎる。時として風に乗った磯の薫りも心地よい。

　四季の移ろいを感じ，確認しながら，つい学生の姿を探してしまう。学生たちの弾んだ声，明るい笑顔，行きかう学生たちの後ろ姿。

　「おはよう」「元気だった？」「あえてうれしい」「やっぱり大学に来たいよね」学生たちの何気ない言葉のやり取りに，こちらまで幸せな気分になる。

　大学には学生が似合う。学生の姿があってこその大学。

　コロナ禍では，多くのことが強いられた。学生の学びの姿にも変化を強いられそしてついには大学から学生が消えた。

　この空白の時間が，学生や我々教職員にも多くのことを教えてくれた。

　オンラインシステム・DX・従前とは異なる教育手法の数々・グローバル定義の再考……。

　本学が学部学科を再編し，新たな教育をもとにした人材育成へと舵を切り，順調な船出をしてからわずかの間に世界は大きく変わった。

　現場教育を重要視してきた教育プログラムは，その実施を危ぶまれ，ついには現場へ学生を派遣することができない状況にも陥った。

　教育を提供する側の大学は，教職員が一丸となり，まさに五里霧中のなかでの手探りで新たな教育手法を考え，検討を重ねて実施に踏み切った。

　本書は，コロナとともに歩んできた新たな教育手法とその効果を明らかにしたものである。

　振り返れば，怒涛の日々だったように思う。学生と対面での授業は感染リスクが懸念される。従来とはまったく異なる手法での講義の立ち上げ。教育の手法が異なれば，その効果はどうなるのか。コロナ禍前と変わらぬ教育効果を生み出す教育の手法。しまや海外での現地調査と研修。学生の行動を規制しているなかで，学生にしまの現場感を感じさせ，考えさせるシーンはどう作るのか。海外への派遣は大学として全面中止。海外への夢と希望をもった学生たちへの説明と，代替の教育手法の実施。学生の満足度を高めるには何が必要か。数えきれないほどの解決すべき難

問が降り注ぐ。

Team University of NAGASAKI。

　学長の強いリーダーシップのもと，全教職員が力と知恵を合わせコロナ禍での教育を実践し，効果を上げてきた。

　この先，何が起こるかは誰にもわからない。しかし，いえることは，何が起ころうとも全員が一緒になり知恵を出し合い英知を重ね，力を合わせれば，乗り越えられないことはない，との確信をもてたことである。

　相浦の富士は，いかなる時もその勇壮たる美しい姿を変えることはない。

　新しい時代に挑戦し続ける人材育成。

　地域社会を創造し担う人材育成。

　本学の使命も変わることはない。

　大学は，学生と共に多様な時を乗り越えながら力強い益々の発展を続ける。

　本書は長崎県立大学「学長プロジェクト」の一つとして支援を受けたものであるが，本書作成の立ち上げから，構想の練り上げ，出版社との交渉，そして最終編集に至るまで，本学元副学長である古河幹夫先生には，最初から最後まで変わらぬご指導をいただいた。この場をお借りして，古河先生への深い尊敬と感謝の気持ちを込めて本書を閉じることとする。

2022 年 12 月

岩重聡美

執筆者紹介 (執筆担当章順, ＊は編者)

橋本 優花里 (ハシモト ユカリ)＊
長崎県立大学地域創造学部公共政策学科教授。2021年4月より教育担当副学長。専門は, 神経心理学および高等教育。高次脳機能障害の支援や大学教育に心理学の視点を生かすことに取り組んでいる。『手を動かしながら学ぶ神経心理学』(2021年, 朝倉書店),『わかって楽しい心理統計法入門』(2007年, 北大路書房)など (いずれも共編著)。第1章担当。

岩重 聡美＊ (イワシゲ サトミ)
長崎県立大学経営学部国際経営学科教授。2021年4月より国際戦略担当副学長。専門は消費者利益と日本型流通システム。『商業理論と流通政策』(1997年, ミネルヴァ書房),『波佐見の挑戦——地域ブランドを目指して』(2011年, 長崎新聞社),『地方大学の挑戦——経済・経営系での教育実践』(2017年, 石風社)(いずれも共著)。第2章・あとがき担当。

大久保 文博 (オオクボ フミヒロ)
長崎県立大学経営学部国際経営学科専任講師。2008年4月日本貿易振興機構 (JETRO) 入構。ハノイ貿易大学ベトナム語学科留学, 海外調査部アジア大洋州課での調査業務 (ベトナム・タイ担当), ホーチミン事務所 Project Director (事業統括) などを経て2019年4月から現職。第3章担当。

寺床 幸雄 (テラトコ ユキオ)
立命館大学文学部地域研究学域准教授。2021年3月まで長崎県立大学地域創造学部公共政策学科講師。専門は人文地理学 (特に農村地理学・社会地理学)。農山村でのフィールドワークを通して産業や生活の持続性を考察している。デジタル技術を活用した教育・研究にも関心を持つ。第4章担当。

車相龍 (チャ サンリョン)
長崎県立大学地域創造学部公共政策学科教授。建築計画, 都市設計, 経済地理を習い, 応用地理学の立場から日韓にわたって地域の政策現場を穿鑿。専門分野は地域計画。恩師の宮川泰夫の地域創造論を受け継ぎ, その要としての地域大学のあり方を探求。第5章担当。

石田 聖 (イシダ サトシ)
長崎県立大学地域創造学部公共政策学科准教授。専門は公共政策学, 政治学 (主な関心は, 市民参加, 合意形成, 協働型ガバナンスの理論・実践研究)。長崎県内の主権者教育や若者の政治参画の実践, その他米国はじめ国内外のまちづくり研究などに従事。『人がまちを育てる——ポートランドと日本の地域』(2020年, 公人の友社),『"知"と"地"の新たな創造』(2019年, 長崎文献社)(いずれも共著)。第6章担当。

竹田 英司 (タケダ エイジ)
長崎県立大学地域創造学部准教授。専門は地域経済学 (地域産業論・中小企業論)・地域連携貢献学。『地域再生の産業観光論——やきもの産地のコト消費とモノ消費』(単著, 2022年, 同友館),『実践で学ぶ地域活性化——多様な手法と多彩なカタチ』(共著, 2021年, 同友館),『笑うツーリズム——HASAMI CRAFT TOURISM』(共編著, 2021年, 石風社) ほか。地域の生活に密着した地域産業を研究。第7章担当。

代田 義勝 (シロタ ヨシカツ)
長崎県立大学経営学部経営学科教授。2019年より経営学部長。専門は人的資源管理論。スウェーデンでの在外研究を機に, 教育を含む北欧型社会システムや男女共同参画社会の推進に関心を持つ。著書に『現代労務管理の国際比較』(共著, 2000年, ミネルヴァ書房) など。第8章担当。

古河 幹夫＊ (フルカワ ミキオ)
長崎県立大学名誉教授。副学長として学部改組と地域と連携する大学づくりに尽力した (2013年～2020年)。専門は社会・経済システム論。『社会経済思想の進化とコミュニティ』(2003年, ミネルヴァ書房),『創る×まち 育てる×ひと——地域創造と大学』(2017年, 長崎新聞社),『地方大学の挑戦——経済・経営系での教育実践』(2017年, 石風社),『教育力のある大学へ——経済・経営系での教育実践から』(2020年, 海風社)(いずれも共著)。まえがき・第9章担当。

地方から学びの輝きを
コロナ禍における地方大学での教育実践と考察

2023 年 3 月 10 日　　初版第 1 刷発行

　編　著　者　　岩重聡美・橋本優花里・古河幹夫
　発行者　　中西　良
　発行所　　株式会社ナカニシヤ出版
　〠 606-8161　京都市左京区一乗寺木ノ本町 15 番地
　　　　　　　　　　　　Telephone　075-723-0111
　　　　　　　　　　　　Facsimile　　075-723-0095
　　　　　　　Website　http://www.nakanishiya.co.jp/
　　　　　　　Email　　iihon-ippai@nakanishiya.co.jp
　　　　　　　　　　　郵便振替　01030-0-13128

印刷・製本＝ファインワークス／装幀＝白沢　正
Copyright © 2023 by S. Iwashige, Y. Hashimoto & M. Furukawa
Printed in Japan.
ISBN978-4-7795-1717-4